新NISA 完全攻略

月5万円から始める

リアルすぎる

1億円の作り方

Financial Free College代表
山口貴大
(ライオン兄さん)

KADOKAWA

本書は、２０２４年から始まる新ＮＩＳＡ（ニーサ）で老後資産１億円を作るための本です。まず一言いわせてください。

新ＮＩＳＡをするかしないかで
あなたの人生は大きく変わります！

お金に困らない悠々自適な老後を過ごせるか、それとも年金不安を抱えて気が気ではない人生を送るか。新ＮＩＳＡをやるかやらないかで〝**人生の色**〟が変わります。

では、新ＮＩＳＡとは何か？　一言でいうと、それは、

生涯非課税投資枠１８００万円を

〝できるだけ早く〟埋める入金ゲーム。老後も〝できるだけ長く〟運用を続けてお金を増やす集金ゲーム。

新NISAで**生涯にわたって非課税投資できる金額の上限は1800万円**。金融庁のホームページでは、この1800万円を**「非課税保有限度額」**と呼んでいます。本書ではよりイメージしやすい**「生涯非課税投資枠」**、簡略化して「投資枠」「非課税枠」、単に「1800万円」や「枠」、「元手」などと表記します。

それぐらい新NISAでは、**1800万円という金額が大きな意味**を持ちます。元手1800万円までは、投資でいくら利益が出ても税金が一切かかりません。**できるだけ早く上限いっぱいいま**

で投資して、**できるだけ長く複利運用**を続ければ、

いとも簡単に総額1億円以上のお金を生み出せる！

それが新NISAなのです。

たとえば、**毎月30万円（年間360万円）**を投資すると、**最短5年**で1800万円の上限に到達します。30歳から始めれば34歳で新NISAの非課税投資枠すべてを使い切ることができます。

年間の運用利回りが5％だった場合、5年間のつみたて期間中も毎年5％ずつ利益が出ます。**その利益も再投資に回す**ことで、

5年後の運用資産は**2011万円**（1万円以下の端数切り捨て。以下同）※に増えています。その後、35歳から59歳までの25年間、ほったらかしで年5％運用を続けた場合、59歳から60歳になったばかりの時点でいくらになっていると思いますか？

複利運用なら、**お金が勝手に働いてお金を生み出してくれるの**で、一切追加投資しなくても、新NISA口座の運用資産は、

6810万円

に育っています。

「なんだ、1億円まで全然、届かないじゃないか」

と、がっかりしないでください。

※本書では計算を簡略化するため、前年の運用額に対して翌年の年末に一括して年率5%の運用益が得られ、その年の毎月のつみたて額は年末に一括で新規投資するものと仮定して運用資産の増加額を試算しています。金融庁のNISA向けサイトの「資産運用シミュレーション」などと推定金額が若干異なりますのでご了承ください

新NISAでの運用は、**一生涯、死ぬまで非課税**で続けることができます。そうです！　極論すれば、

100歳までずっと運用できる

のです。この6810万円を60歳から100歳まで5%運用を続けながら、41年後の100歳でちょうどゼロ近辺になるように取り崩すと、毎月いくらの金額を受け取れるでしょう？　答えは、

月々32・8万円、年間393万円、41年間で総額1億6142万円！※

※年間の正確な取り崩し額は393万7200円。端数7200円を除いているため、「毎月×12か月」と「年間」の受け取り額、「年間×41年間」と「41年間の受け取り総額」は一致していません。以下同

次のページの**図1**は新NISA口座で30歳から毎月3万円、5万円、10万円、30万円をつみたて投資して、非課税投資枠の上限1800万円に達したあとは追加入金せずにほったらかしで運用し、60歳から100歳までの41年間、運用を続けながら取り崩していった場合のシミュレーションです。毎月3万円つみたてのみ、59歳で1080万円になったところでつみたては終了します。

NISA口座の資産がちょうど100歳でゼロ近辺になるように取り崩し額を調整すると、60歳から100歳まで毎月受け取れる金額は図1で示したようになります。

毎月5万円をつみたて投資できる人は30歳から59歳までの30年間で1800万円の枠を埋め切ることになります。つみたて期間中も年率5%で資産が増えるので、59歳時点の運用資産は、

― 図1　新NISAのつみたて・運用・取り崩しシミュレーション ―

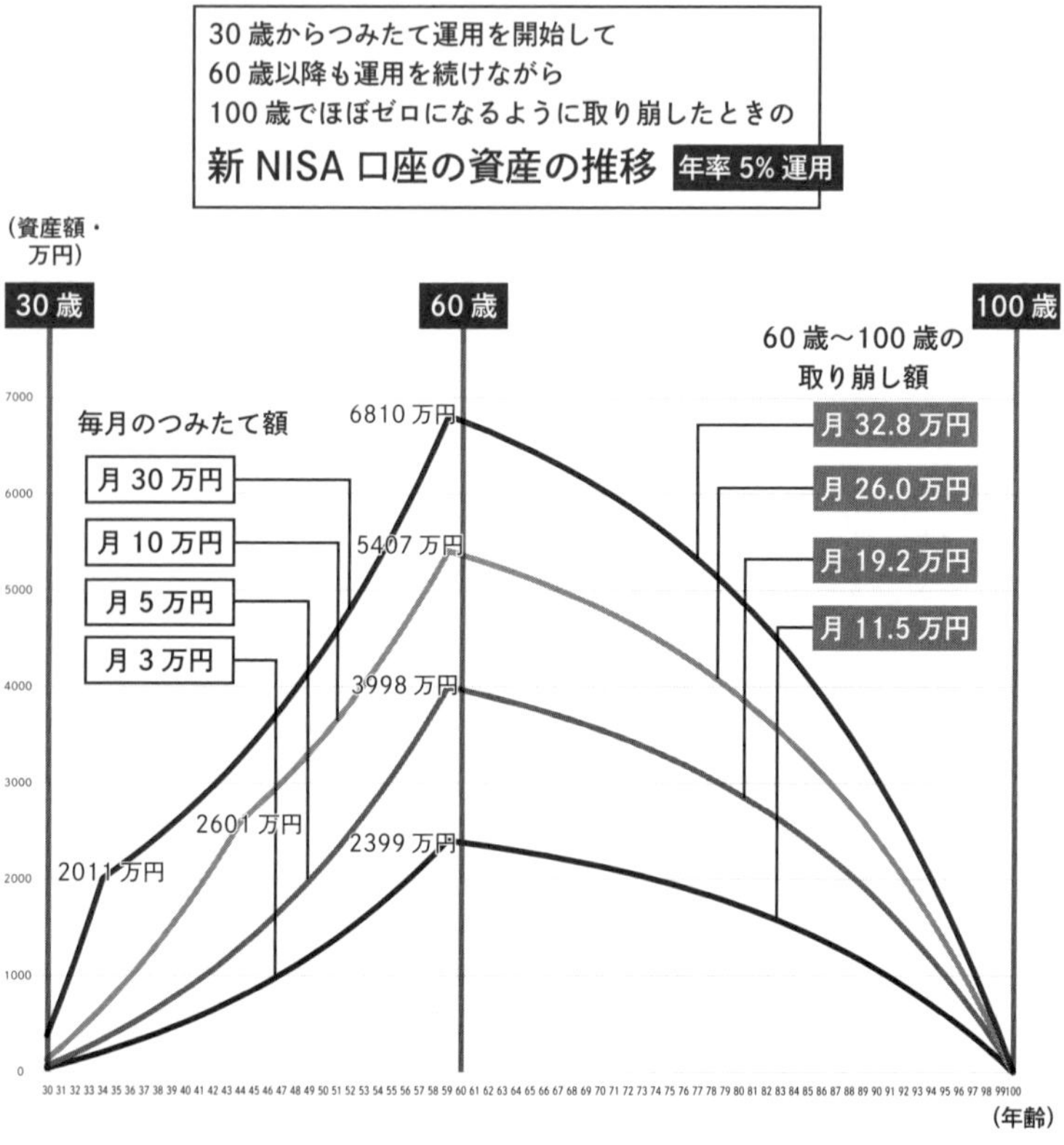

元本が1800万円に到達する年齢

月3万円では59歳で1080万円
月5万円では59歳
月10万円では44歳
月30万円では34歳

→

60歳から100歳まで取り崩せる金額

月11.5万円（年間138万円）
月19.2万円（年間231万円）
月26.0万円（年間312万円）
月32.8万円（年間393万円）

※計算を簡略化するため、毎年年末にその年の月々のつみたて金額の合計を一括で投資し、60歳以降は毎年年末にその年の月々の生活費を一括で取り崩す前提で試算しています。そのため、実際の毎月つみたて・取り崩しと金額が若干異なります。また、本書のシミュレーションでは、物価上昇率と同程度で運用利回りも向上するという前提で試算を行っています。そのため、物価上昇リスクについては考慮していません。以下同

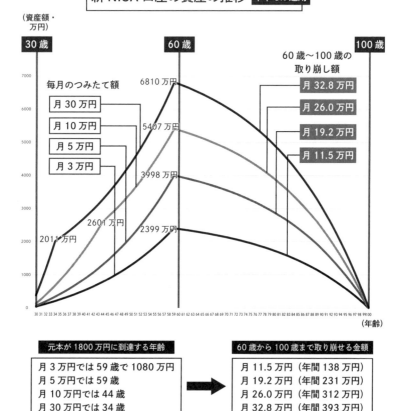

3998万円。

60歳から100歳まで5%運用を続けながら取り崩す場合、月々19・2万円、年間231万円を取り崩せます。41年間の総額は、

9475万円。

限りなく1億円に近いお金を、新NISA口座から非課税で引き出すことができるのです。

30歳から**毎月10万円**をつみたて投資して44歳で上限1800万円に達した場合、60歳から100歳まで取り崩せる金額は、

毎月26万円、年間312万円、
総額1億2820万円！

どうですか？　できるだけ早く1800万円の枠を満たし、できるだけ長く、最長100歳まで非課税運用を続ければ、

新NISAで1億円を作るのは簡単！

ということがおわかりいただけるでしょう。

「でも、毎年5％の運用利回りなんて絶対、難しい！　60歳からの取り崩し期間中に暴落が起こったらどうするの？」

と〝ツッコミ〟を入れる読者の方もいるでしょう。

そういったリスクに敏感な方は、新ＮＩＳＡの投資対象として最もおすすめしたい**米国株価指数Ｓ＆Ｐ５００**や**全世界株式に連動する株価指数**の過去の運用実績をご存じないのかもしれません。

過去30年、何度も暴落や金融危機に見舞われたにもかかわらず、

●Ｓ＆Ｐ５００の年平均リターンは約10％

●全世界株式の年平均リターンは約７％

過去の実績に比べれば、新ＮＩＳＡで１億円を作るための大前提にしている**年平均リターン５％はかなり控えめ**です。60歳時点で、先ほどのシミュレーション以上に資産が増えている可能性も高く、本書でお伝えする運用方法を駆使すれば、老後に暴落が直撃しても悠々自適の生活が送れます。

S&P500の過去の**年平均リターン10%**で、資産が1億円に到達するのは（**図2**）、

●30歳～59歳まで毎月5万円つみたてなら60歳
●30歳～44歳まで毎月10万円つみたてなら54歳
●30歳～34歳まで毎月30万円つみたてなら50歳

毎月3万円つみたてでは59歳時点で投資元本が1080万円までしか到達せず、上限の1800万円を使い切れません。それでも年率10%運用なら、**65歳**で資産1億円を達成できます。

さて、ここまで読んで、こう思った方もいるでしょう。

●100歳まで生きる予定はない。
●今後もS&P500が年平均10%のリターンを続けられるとは思えない。

── 図2　年率10％運用で資産1億円達成までの道 ──

30歳からつみたてを始めて
新NISAの非課税投資枠の上限1800万円を
S&P500の過去の年平均リターン＝
年率10％で複利運用した場合

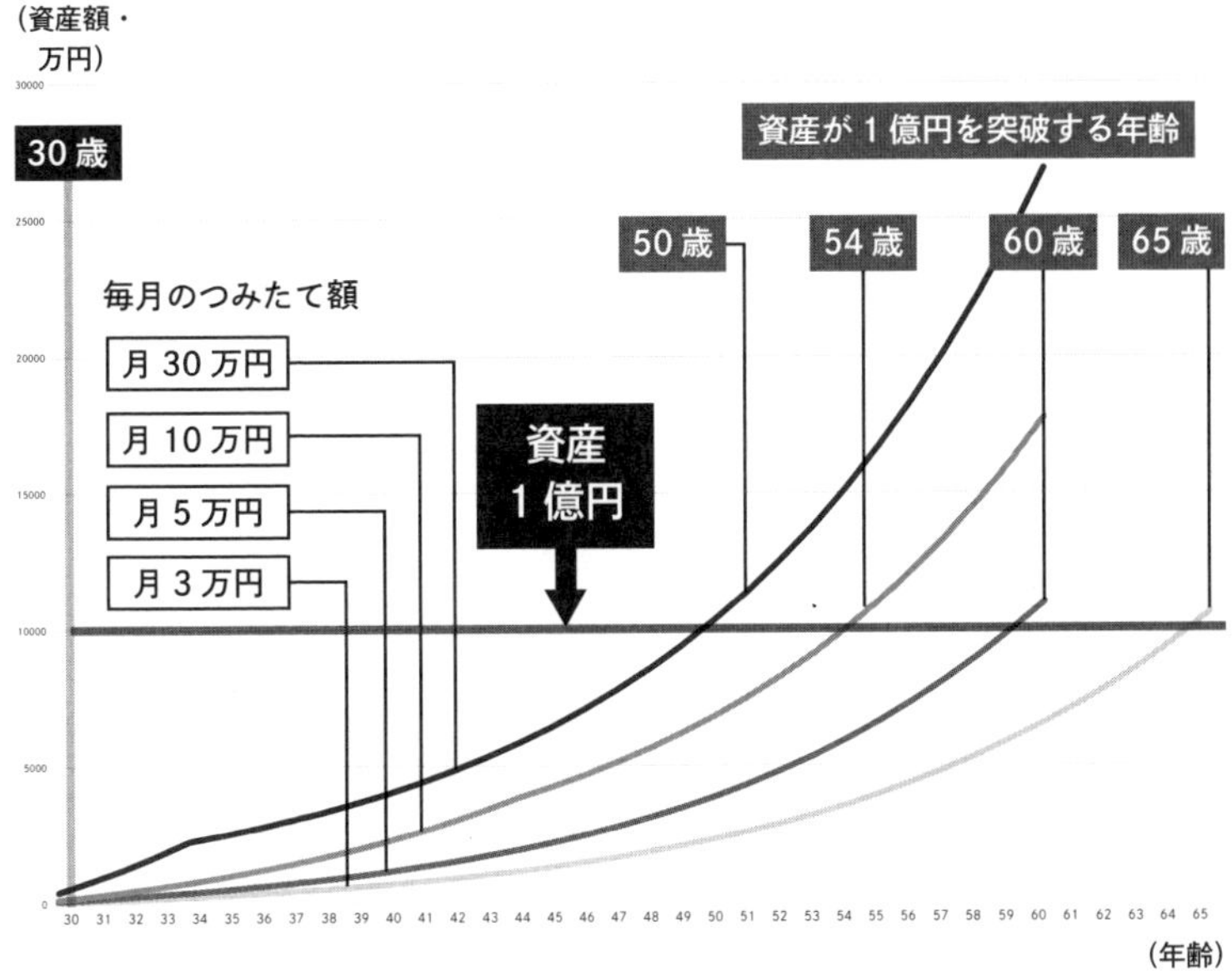

月3万円では65歳で1億円を突破（投資元本は1080万円）
月5万円では59歳で投資元本1800万円を埋め切った直後の60歳で突破
月10万円では54歳で突破、60歳時点の資産は1億7728万円に
月30万円では50歳で突破、60歳時点の資産は2億6822万円に

※図のシミュレーションは、取り崩しをせず毎年の利益を再投資して複利で運用した場合の試算です

●月30万円の入金力なんてない。月5万円がいいところ。
●S&P500や全世界株式、高配当株……結局、どれがいいの？

ご安心を。本書は新NISAの「超わかりやすい解説書」というだけではなく**「攻略本」**です。**「年齢や入金力に合わせて、リスクとリターンを最適化した新NISAの資産形成法」**を克明に解説します。あなたがやるべきことは本書に記された方法をただ**トレースする（マネして実行に移す）**だけ。資産形成にスリルは必要ありません。**お金が増えればそれでいいはず**。

本書が目指すのはバックパッカー的な個人旅行ではなく、冒険っぽさは限りなくゼロのアテンダント付きパック旅行です。**「お金に困らないための安心安全なガイド付き資産運用の旅」**に、あなたをご招待いたします。

はじめに

こんにちは、私はチャンネル登録者数20万人超のYouTube番組**「ライオン兄さんの米国株FIREが最強」**を運営する**ライオン兄さん**こと、**山口貴大**です。

老後2000万円問題など、日本の年金制度に不安を感じる人が多い中、YouTubeや書籍、セミナーなど、さまざまなメディアで**「セルフ年金」を作るための米国株や米国ETF**（株式市場に上場していて株式と同様に市場で自由に売買できる上場投資信託）**を活用した資産運用方法**を発信しています。

私自身、30代になるまで年収300万円台、資産運用をしたいと思っていても、肝心のお金が足りない、しがない会社員でした。

当時は少額資金でもこつこつ非課税投資できる**つみたてNISA**もまだ始まっておらず、私自身、投資したくてもなかなかできない状況でした。

しかし、20代の頃から、ロバート・キヨサキ氏の『金持ち父さん　貧乏父さん』を愛読し、お金がお金を生む資産運用を活用して、自分の好きなことだけをして生きる生き方に強い憧れを抱いていました。

幸いなことに30代半ばになって貯めたお金をもとに始めたエンターテインメント事業に成功。その事業を売却することで得た資金を米国ETFなどに投資することで、自分が働かなくてもお金が働いて生活費を勝手に稼ぎ出してくれる**FIRE（Financial Independence, Retire Early：経済的自立と早期リタイア）**を達成。

現在は、その成功体験をもとに、セミリタイアまでの資産運用の考え方やさまざまな投資法、ライフプランなどを一から学べる**「FFC（Financial Free College）」**というお金の学校も運営し、多くのFIRE達成者を輩出できるまでになりました。

本書のテーマは**2024年から始まる新NISA**です。

新NISA開始にともない従来の一般NISAやつみたてNISAは終了します。本書では2023年で終了する現行NISAを**「旧NISA」**と表現します。

読者の皆さんの中にはすでに旧NISAを始めていて、その延長線上で、制度が大幅に拡充する2024年からの新NISAに関心をお持ちの方も大勢いると思います。

私自身も、資産の大半は特定口座に入れて米国ETFで運用していますが、つみたてNISAも活用しています。2023年8月現在も、**S&P500に連動する「eMAXIS Slim米国株式（S&P500）」**にこつこつ月額3・3万円をつみたて投資し続けています。

とはいえ、世の中には、**まだNISAを始められていない方々**もたくさんいます。日々、私は人と会うたびに「もうNISAを始められていますか？」と尋ねています。

こんなに素晴らしい非課税投資制度を利用しないのはもったいないので、**NISA投資普及の〝伝道師〟**のような立場で、その魅力や活用法を世に広める努力をしてきました。そして、まだＮＩＳＡを始めていない人には、こう懇願してきました。

「ＮＩＳＡをフル活用して、ほったらかしでお金が増える〝箱〟〝畑〟〝お金マシーン〟を手に入れてください。そうすれば、もっと早くお金持ちになれますから」


「忙しくて始める暇がない」という方もいました。

でも、２０２４年から始まる新ＮＩＳＡは、２０２３年で終了するつみたてＮＩＳＡ同様に、口座開設して、毎月のつみたて額を設定するだけ。あとは銀行引き落としやポイント還元のあるクレジットカード決済で、ほったらかしでつみたて投資を続けることができます。**忙しい人こそ、毎月定額つみたてが最適な投資法**です。


「難しくて、わからない」という方もおられました。

しかし、投資でどんな金融商品を買ったらいいかわからない、という人にとって、新ＮＩＳＡほど簡単な投資法はありません。

新ＮＩＳＡの定番中の定番といえる投資対象は、

●米国優良企業500社の株を丸ごと買えるS&P500や米国市場に上場するほぼすべての企業の株価に連動する全米株式インデックス
●日本も含む全世界の優良企業を丸ごと買える全世界株式インデックス

という**株価指数の値動きに連動する「インデックス（＝株価指数）ファンド」という投資信託**。新NISAの投資対象もいずれかを選べばいいだけ。銀行で定期預金するのと同じぐらい簡単に始められて、難しいことを何一つ考える必要はありません。

「損するのが死ぬほど嫌なので投資したくない」という方もいました。

確かに新NISAは〝資産1億円達成の友〟といえるほど、**成功しやすい資産形成法**ですが、100％必ず成功するとはいえません。損をする可能性も当然あります。

しかし、損するのが絶対嫌だから投資しないのは、スズメの涙ほどしか利息がつかない銀行預金に大切なお金を〝置いてけぼり〟にしておくこと。

せっかく、そのお金が非課税で自らお金を稼いでくれる可能性があるのに、チャンスの芽をみすみす潰してしまうことにほかなりません。

●絶対損しないけどほとんど増えない貯金
●損する可能性もあるけど大きく増える可能性がある新NISA

冒頭でも述べたように、どちらを選ぶかで、あなたの人生は大きく変わります。

過去の私のように、**「お金に余裕がまったくないので投資するのが難しい」**という方もおられました。

そんな方は**月々1000円、2000円でもいいのでとにかく始めて**みてください。1億円は無理かもしれませんが、10年20年も継続すれば、投資元本が少なくとも50%ぐらい増えていても、まったくおかしくありません。

そんな成功体験を積み重ねることで、「よし、もう少しだけ頑張って、より多くのお金を新NISAでつみたて投資してみよう」という**やる気**が湧いてくるはずです。

2019年6月に金融庁が発表した「高齢社会における資産形成・管理」というレポートでは「年金収入だけでは老後30年間で約2000万円が不足する」という試算

が明らかになり、世を騒がせました。

同じ金融庁が始める新NISAの上限枠は奇しくも、その2000万円にきわめて近い1800万円。

新NISAの投資上限枠1800万円すべてを埋め切って非課税運用を続ければ、「老後は安泰です」という国の〝隠されたメッセージ〟すら感じます。

国の指示通りにやるのは、なんだか癪《しゃく》にさわるという人もいるかもしれません。

しかし、2024年から始まる新NISAは、老後に向けた資産形成の手段として**非常に有利で、非常に便利で、非常に手軽な、とっても「いい制度」**です。


本書ではそんな新NISAの仕組みと活用法を徹底的に、隅から隅まで、わかりやすく実用性重視で解説していきます。新NISAを賢く使いこなし、資産1億円を達成するための考え方やノウハウ、攻略法をすべて詰め込みました。

新NISAをフル活用することで、老後になんの不安もない、自由で楽しい人生を手に入れましょう！

【新NISA完全攻略】月5万円から始める「リアルすぎる」1億円の作り方　目次

第3章 リターンが死ぬほど変わる「頭のいい人」のファンド選定術

第4章 「米国株vs全世界株」不毛なマウント合戦の〝最終結論〟

第5章 「年金＋分配金∨生活費」の〝無敵定年〟を最速達成する法 171

第6章 「インデックスが報われない未来」に備える一つの方法 197

●本書の内容の多くは、2023年8月31日までの情報をもとに作成しています。本書刊行後、新NISA（少額投資非課税制度）を含めた金融・投資に関連する法律、制度が改正、または各社のサービス内容が変更される可能性がありますので、あらかじめご了承ください。
●本書は新NISAを活用した株式や投資信託の投資情報の提供も行っていますが、特定の投資手法を推奨するもの、またその有用性を保証するものではありません。また、個々の金融サービスや金融商品の詳細については各金融機関にお問い合わせください。
●新NISAを含む投資や資産運用には一定のリスクがともないます。運用によって生じた利益・損失について、執筆者ならびに出版社は一切責任を負いません。投資や資産運用は必ず、ご自身の責任と判断のもとで行うようにお願いいたします。

装丁／井上新八
DTP制作／㈱キャップス
校正／あかえんぴつ
チャート提供／TradingView
編集協力／エディマーケット
編集／荒川三郎

第1章

新NISAは「始めなきゃ損！」と煽りゼロで断言できるワケ

そもそもＮＩＳＡ（ニーサ）って何？

２０２４年から始まる**新しいＮＩＳＡ（ニーサ）**。

手放しで「これは素晴らしい」と拍手喝采したい投資制度です。

そこで第1章では、「じゃあ、新ＮＩＳＡのどこが素晴らしいのか？」を、ポイントや疑問点ごとに整理して説明していきます。

そもそも、**「ＮＩＳＡ」**は「**N**ippon **I**ndividual **S**avings **A**ccount」の略で、直訳すると「日本の個人貯蓄口座」という意味になります。

「貯蓄口座」というと銀行預金のようなイメージですが、ＮＩＳＡで投資できるのは、**株式や投資信託**など。ＮＩＳＡ口座で購入されている投資信託は、日本や米国、世界の株式に投資する**投資信託**が大半です。

ＮＩＳＡを始めたばかりの初心者の方に、

「ＮＩＳＡで株式投資されているんですね？」

と聞くと、

「いえ、私、株式投資はしていません。NISAに投資しています」

と答えられる方もいるようです。

「NISA、NISA……」と名称ばかり連呼されると、NISAと株式投資は〝別物〟と勘違いされる方がいるのも無理はないでしょう。

ただ、投資の仕方は多少異なるものの、NISAも株式投資も、**自らの資産を主に株式で運用している点**に違いはありません。

つまり、元本保証のある銀行預金とは違って元本保証はなく、もしかすると損をして元本が目減りするリスクもあります。

しかし、2023年8月現在、メガバンクの普通預金金利は年率0・001%。よくいわれる話ですが、100万円を普通預金口座に貯金しても、1年間でたった10円しか利息がつきません（実際はそこから2円の税金が引かれて残るのは8円）。

2023年6月の全国消費者物価指数（総合）は前年同月比で3・3%も上昇して

いるので、実質的に銀行預金の価値が目減りしてしまう状況が続いています。

「物価高に負けないためにも、大切なお金を少しでも増やして老後に備えたい」という切実な思いの受け皿になるのが、**リスクはあるものの、大きなリターンも期待できるNISA**というわけです。

「株式投資は損するので怖い」という人も多いですが、従来の株式投資と比べて、NISAでの投資は**長期的に利益が得やすいように制度設計**されています。

約20％の税金がかからない

では、どうして**利益を得やすい仕組み**になっているのでしょうか。

その大きな理由は、NISA口座で投資した場合、投資で得られた**利益に税金がかからない**からです（**図3**）。

株式や投資信託に投資をした場合、購入した株や投資信託が値上がりすると利益が得られます。

図3　NISAなら20.315％の税金が非課税

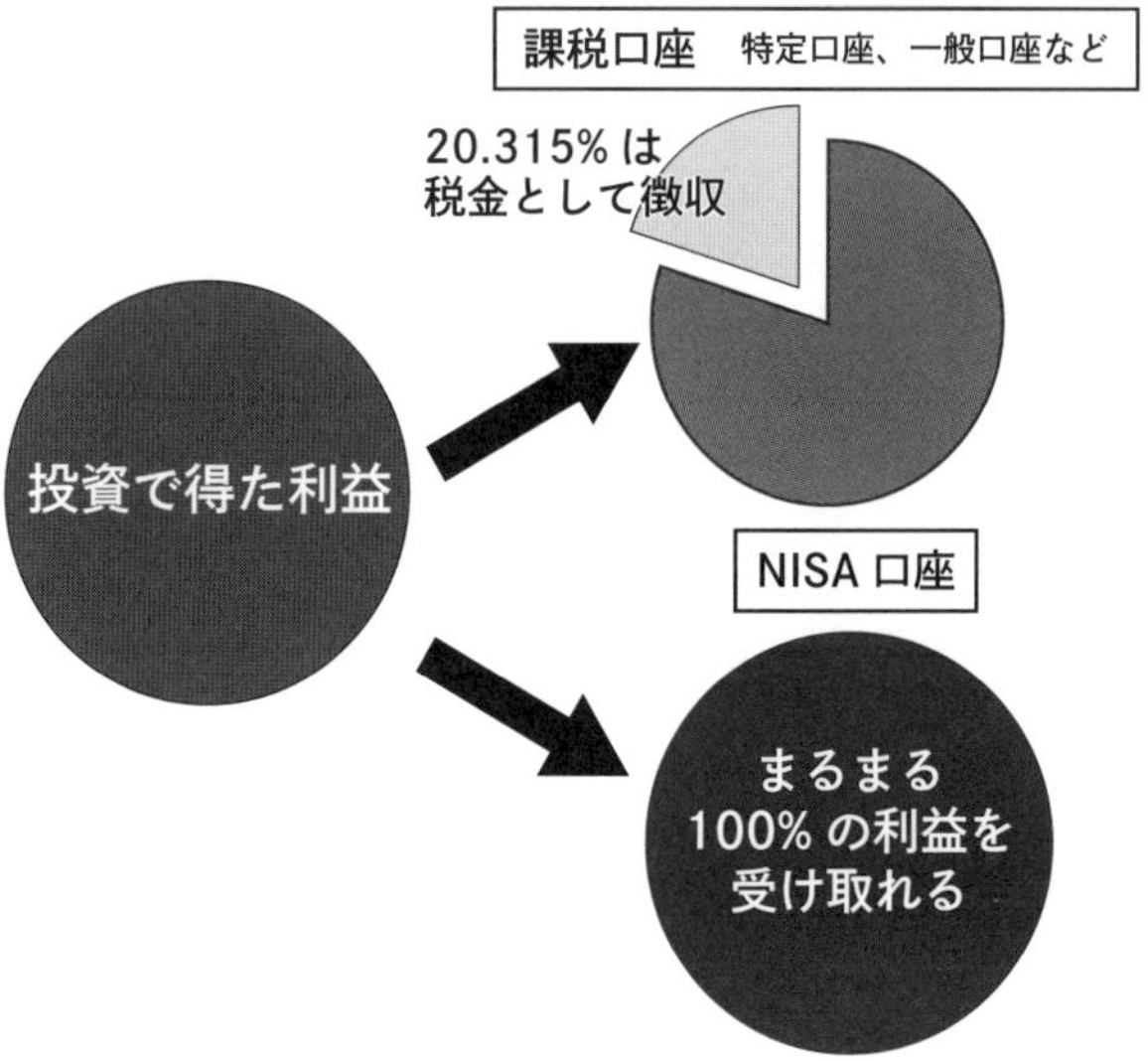

通常、購入した金融商品を売却して得た**値上がり益（＝キャピタルゲイン）**や、株主配当金といった**定期収入（＝インカムゲイン）**には、約20％の税金がかかります。

細かくいうと、15％は所得税、5％は住民税で、合わせて20％。さらに東日本大震災の復興財源として、復興特別所得税が2037年（令和19年）までは所得税率の2・1％分、所得税に上乗せされます。つまり、「15％×0・021＝0・315％」が課税されるので、**合計20・315％**の税金がかかるわけです。

たとえば、投資で100万円の利益が出た場合、「100万円×0・20315＝

20万3150円」の税金が徴収され、手元に残るのは79万6850円になります。

「この**税金をタダ**にしてあげましょう」というのがNISA口座の大きな特徴です。

NISAの別名は**「少額投資非課税制度」**。「少額な資金で、主に株式に投資した結果、得られた利益には税金がかかりませんよ、非課税で丸ごと利益を自分のものにできますよ」という制度なのです。


非課税の特典は、投資の利益が1万円の場合は2000円程度と微々たるものです。

しかし、利益が1000万円になれば約20万円、1000万円まで膨らめば約200万円も手元に残るお金が増えるわけですから、その**お得度は絶大**です。

「非課税という特典を存分に生かして、あなたも長期的な運用で資産を大きく増やしましょう」というのがNISA制度の目的といえるでしょう。

また、非課税で長期投資を続けると、たとえ途中で利益を確定しても、本来**税金として徴収されていたはずの利益の分も再投資に回せる**ので、複利運用の効果でさらに大きな**非課税運用効果**も得られます。図4を見れば、税金分の利益20%を再投資に回

図4　新NISAの非課税複利効果

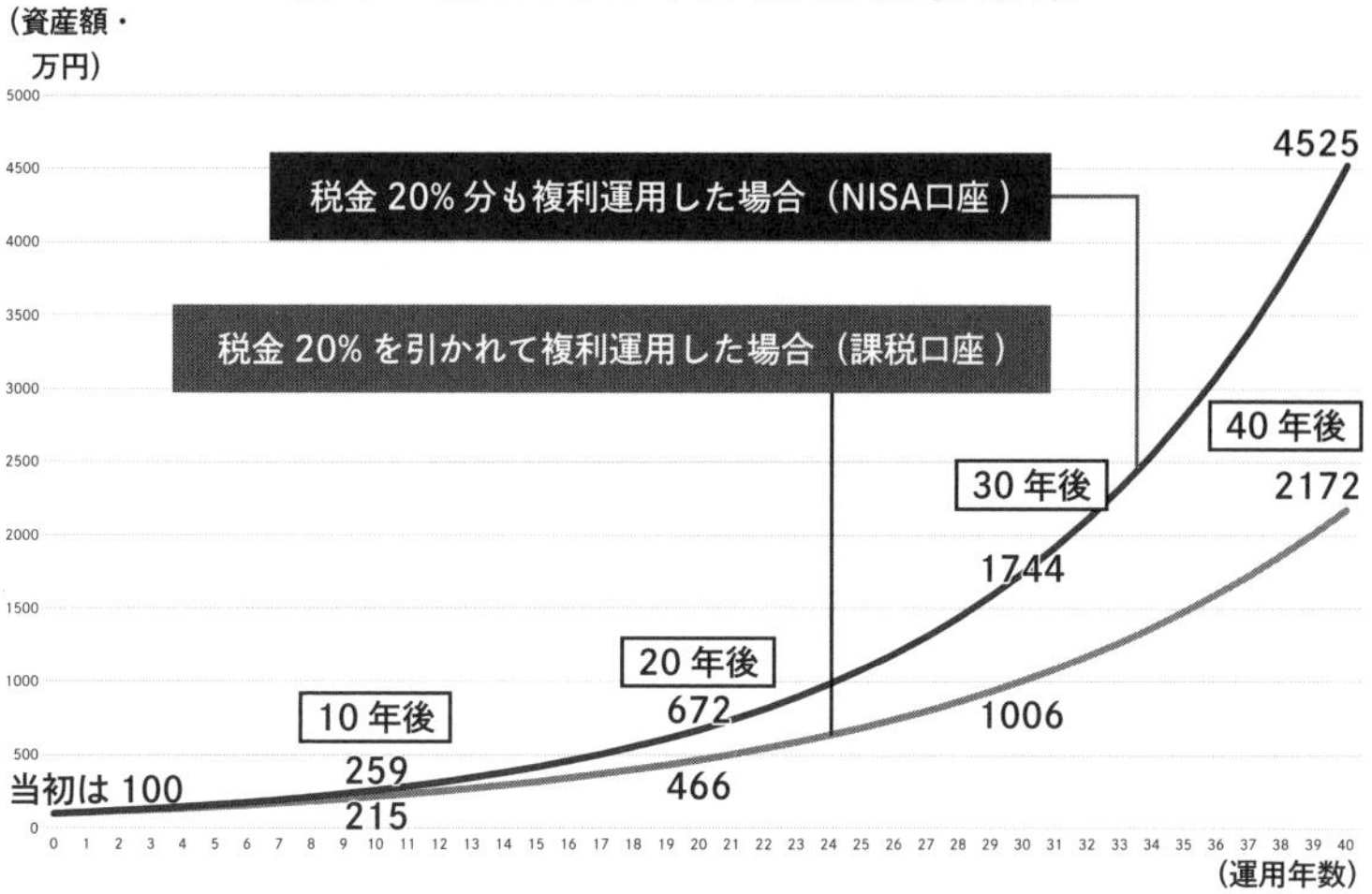

※図のシミュレーションは運用益を毎年、利益確定した場合。課税口座でも分配金再投資型のインデックスファンドなら運用中に分配金に課税されることはありません。ただし、運用最終段階で利益確定したときに約 20% 課税されるため、非課税投資が有利な点は変わりません

せたほうが長期的に見て資産の増え方が大きいことがわかります。

新・旧NISAの違い

2024年からは新しいNISAが始まる一方、これまで利用できた**一般NISA**や**つみたてNISA**（以下、本書では**「旧NISA」**）と表現）は終了になります。

新NISAを始めたいと思ったら、2023年中はまず旧NISA口座を開設してください。すると、**2024年から自動的に新NISA口座に切り替わり**ます。

2023年中で旧NISAが終了すると

いっても、2024年から急に約20％の税金が課税されることはありません。これまで旧NISAで投資した資金は、つみたてNISAなら投資した年から最長20年、一般NISAなら最長5年、**新NISAとは別枠で非課税運用できる**ので安心してください。

2024年以降は新NISA口座をお好みの金融機関に開設すると、新NISAでの投資が可能になります。

では、2024年からの新NISAと旧NISAの違いはどこにあるのでしょう。

これから順を追って説明しますが、前もっていっておくと、新NISAはあまりに多くの点で旧NISAより素晴らしい制度になっているので、少し混乱して全体像を見失ってしまうかもしれません。そこで、最初に、重要な改正ポイントを順に紹介してから、各ポイントについて詳しく述べていくことにしましょう。

新NISAがこれまでの旧NISAから格段に進化したポイントを並べると、次の4つになります。

ポイント① 一般NISAとつみたてNISAが一本化されて両方利用（併用）できる。
ポイント② 非課税投資できる金額が大幅に増えて総額1800万円に。
ポイント③ 非課税運用できる期間が無期限に。つまり死ぬまで非課税運用が可能に。
ポイント④ 運用資産を売却した場合、その元本分の非課税投資枠が復活する。

一番の違いは非課税枠の拡大と再利用

金融庁のホームページに掲載された新NISAと旧NISAの制度概要を、次ページの**図5**にまとめたので参考にしてください。簡略化のため、旧NISAで17歳以下の未成年が利用できる「ジュニアNISA」は割愛しています。

新NISAでは生涯非課税枠が**1800万円**に拡充され、旧NISAよりはるかに大きな投資元本を、生涯かけて非課税投資できるようになります。

図5　新NISAと旧NISAの制度概要

新NISA（2024年から開始）

	つみたて投資枠　併用可	成長投資枠
年間投資枠	120万円	240万円
非課税保有期間	無期限化	無期限化
非課税保有限度額（総枠）	1800万円 ※薄価残高方式で管理（枠の再利用が可能）	1200万円（内数）
口座開設期間	恒久化	恒久化
投資対象商品	長期の積立・分散投資に適した一定の投資信託 （現行のつみたてNISA対象商品と同様）	上場株式・投資信託等 （①整理・監理銘柄②信託期間20年未満、毎月分配型の投資信託及びデリバティブ取引を用いた一定の投資信託等を除外）
対象年齢	18歳以上	18歳以上
現行制度との関係	2023年末までに現行の一般NISA及びつみたてNISA制度において投資した商品は、新しい制度の外枠で、現行制度における非課税措置を適用 ※現行制度から新しい制度へのロールオーバーは不可	

旧NISA（2023年で終了）

ただし2023年までに投資した分は期間満了まで非課税運用できる

	つみたてNISA（2018年創設）　選択制	一般NISA（2014年創設）
年間投資枠	40万円	120万円
非課税保有期間	20年間	5年間
非課税保有限度額	800万円	600万円
口座開設期間	2023年まで	2023年まで
投資対象商品	長期の積立・分散投資に適した一定の投資信託 （金融庁の基準を満たした投資信託に限定）	上場株式・投資信託等
対象年齢	18歳以上	18歳以上

※金融庁のホームページより引用

また、従来は一般NISAか、つみたてNISAか、どちらか一つを選ぶ必要がありましたが、新NISAでは**併用が可能**に。

口座内に**「つみたて投資枠」**と**「成長投資枠」**の二つの枠が設けられ、非課税投資できる**総額は1800万円（年間投資枠の上限は360万円）**に拡大します。

そして、そのすべてをつみたて投資枠として使うことができます（ただし年間投資枠の上限は120万円）。一方、最大**1200万円（年間投資枠の上限は240万円）**までは成長投資枠として使うことができます。

いわば、つみたて投資枠1800万円という受け皿の中に、成長投資枠という小さな受け皿が含まれている構成になります。ちなみに「年間投資枠」というのは、1年間に新NISA口座で投資できる金額の上限です。

株価指数に連動したインデックスファンドなどへのつみたて投資（旧NISAのつみたてNISAとまったく同じ仕組み）については、最大1800万円（年間投資枠120万円）まで行えます。残りの成長投資枠の年間投資枠240万円を使って、つみたて投資をしてもかまわないので、**年間投資枠の実質的な上限は360万円**です。

成長投資枠（旧ＮＩＳＡの一般ＮＩＳＡとほぼ同じ仕組み）を使えば、**米国株を含む個別株、ＥＴＦ、アクティブ型投資信託**（ただし、毎月分配型やレバレッジ型は除く）への投資も可能です。

また、旧ＮＩＳＡと違って、運用資産の一部を売却した場合、**翌年にはその分の非課税枠が復活**するので、総額１８００万円の投資枠を再利用して、何度も繰り返し非課税運用できるようになったことも大きな改変点です。

投資元本１８００万円といえば、普通の人にとっては一生かけて投資に回す資金としては十分な金額です。つまり、２０２４年以降、多くの個人投資家にとって、もはや投資で得られる利益にかかる**税金は非課税が当たり前になる**ということ。

新ＮＩＳＡで投資できる１８００万円という〝非課税の箱〟を埋め切って、その箱の中でお金にお金を稼いでもらう仕組みをできるだけ早く作ることが、老後の資産形成の切り札になります。一生涯、お金を生み出し続けてくれる頼れる〝金庫番〟のような存在が新ＮＩＳＡというわけなのです。

新NISAのポイント①併用可能

そもそも旧NISAは、

- **「つみたてNISA」** 金融庁が選定した**販売手数料が0円で運用コストの安い投資信託やETFだけに毎月つみたて投資**できる。
- **「一般NISA」 個別株や投資信託などに自由に投資可能、**

という二つのタイプに分かれていて、どちらか一方しか使えませんでした。

2024年から始まる新NISAでは、つみたてNISAとほぼ（というか、まったく同じ）運用が可能な**「つみたて投資枠」**、一般NISAとほぼ同じ運用もできる**「成長投資枠」**という二つの枠の両方を併用することができます（**ポイント①**）。

つまり、これまではどちらか一方しか使えなかったものが、両方同時に利用できるようになったというわけです。

ポイント②非課税投資総額1800万円

さらに新NISAは旧NISAと比べて、非課税投資枠や非課税投資期間についても"雲泥《うんでい》の差"といえるほど、制度拡充が図られています（**ポイント②と③**）。

旧NISAでは、つみたてNISAと一般NISAで非課税投資できる金額も期間もばらばらでした。

●**「つみたてNISA」** 年間投資枠は**40万円**まで。非課税投資期間は**最長20年**。毎年40万円を20年間ずっとつみたて投資すると、実質的な非課税投資金額の上限は「40万円×20年間＝**800万円**」になる。

●**「一般NISA」** 年間投資枠は**120万円**まで。非課税投資期間は**最長5年**。5年間ずっと120万円ずつ投資すれば「120万円×5年＝**600万円**」。

新NISAで非課税投資できる投資総額は**1800万円**。

つみたてNISAの2・25倍、一般NISAの3倍に増えました。

政府がNISAの非課税総額を1800万円まで大幅拡充した背景には、「老後2000万円問題に備えて、老後を迎えるまでに、新NISAの非課税投資枠の上限1800万円に達するぐらい、せっせと貯蓄&投資に励んでくださいね。そうすれば、きっと運用資産が元本以上に増えて、年金以外に、2000万円どころか3000万円、4000万円近い老後資金を非課税で確保できるはずですよ……」という〝意図〟があるに違いありません。

年間の投資上限額も360万円に拡充

1年間で投資できる上限額も、

●つみたてNISAの40万円→新NISAのつみたて投資枠120万円（**3倍**）
●一般NISAの120万円→新NISAの成長投資枠240万円（**2倍**）

に大幅拡充されました。

資金に余裕のある人なら、

「1800万円÷360万円＝5年」

で新ＮＩＳＡの非課税総額すべてを埋めることができます（図6）。

成長投資枠の生涯非課税枠1200万円（年間投資枠240万円）を個別株投資（米国株を含む）やアクティブ型投資信託への投資に利用した場合、インデックスファンドへのつみたて投資は、残高600万円（年間投資枠120万円）で行うことになります。

成長投資枠1200万円も含めた新ＮＩＳＡの非課税総額1800万円を、まるまるインデックスファンドへのつみたて投資に使うことも可能です。

一方、個別株やアクティブ型投資信託に投資できるのは成長投資枠の上限1200万円まで。つみたて投資枠の残高600万円は使えません。

つまり、新ＮＩＳＡでは、**成長投資枠もインデックスファンドでの運用にするか、**もしくは**成長投資枠では個別株やETFなどに投資するかを選ぶ必要**があります。

— 図6　毎月のつみたて金額別・1800万円達成期間 —

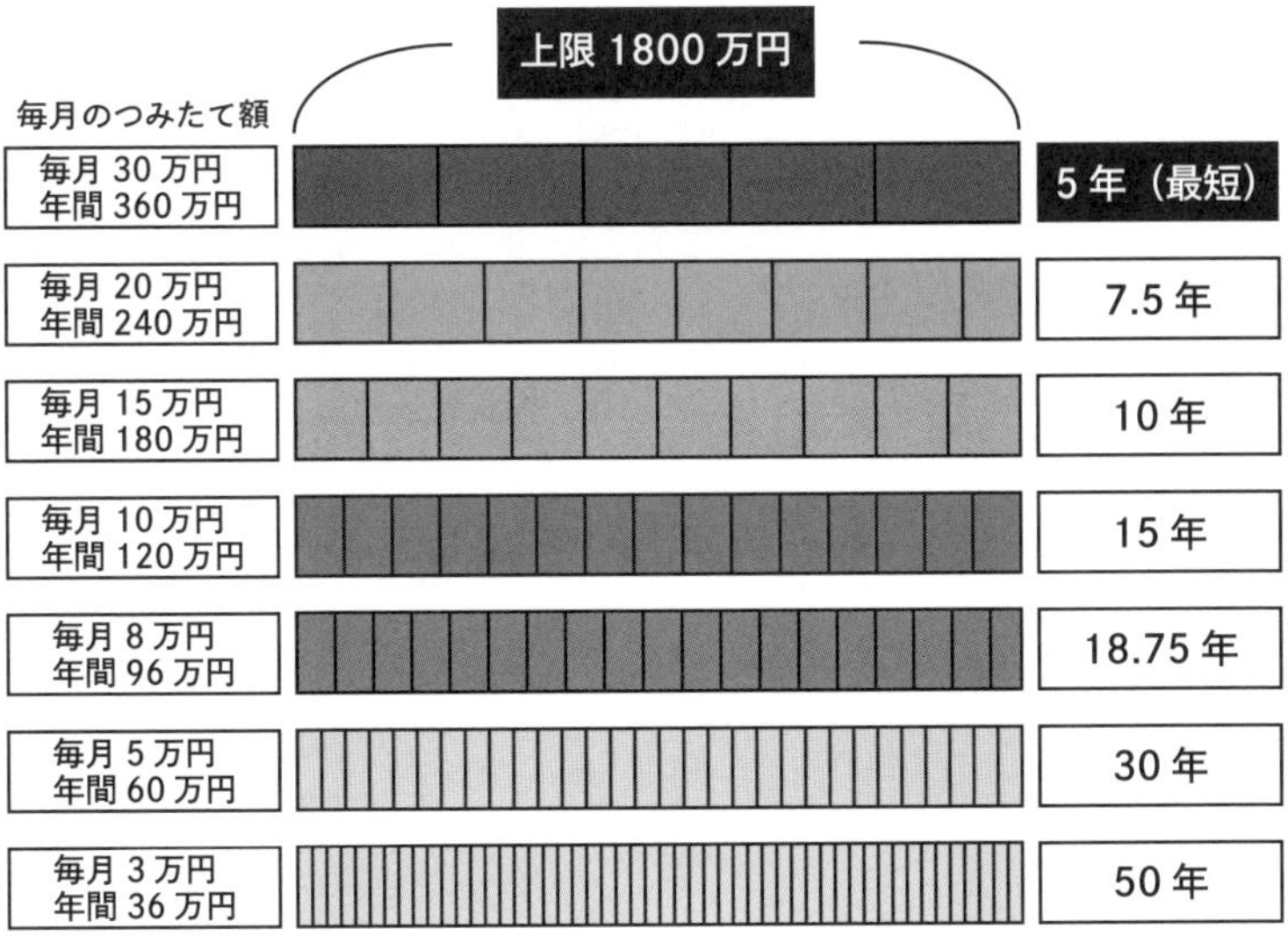

投資初心者の方は新ＮＩＳＡの１８００万円という非課税投資枠すべてを使って、**S&P500や全米株式、全世界株式に連動した値動きをするインデックスファンドにつみたて投資するのがベスト**。それが**本書の見解**です。

つみたてＮＩＳＡの場合、年間の投資上限額はたったの40万円。最長20年間つみたてを続けて、ようやく非課税投資枠が最大の８００万円に到達する仕組みでした。

一方、新ＮＩＳＡなら、年間３６０万円まで投資可能なので、上限の１８００万円をたった5年で埋め切ることができます。

あとで詳しく見ていきますが、資金に余

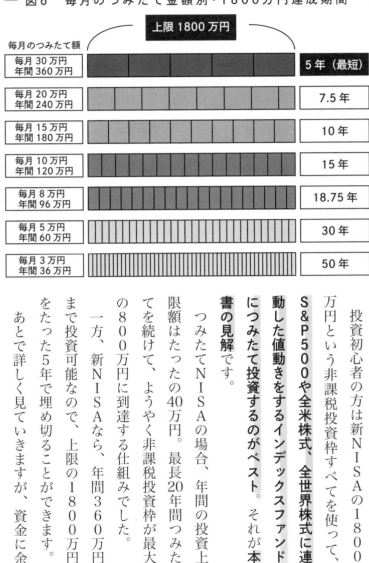

裕がある方はなるべく早く、**最短5年**で新NISAの非課税保有限度額を埋め切ることが、長期間の複利運用で資産を大きく増やすための必勝法になります。

ポイント③死ぬまで非課税運用

さらに、〝ものすごい〟といっていい新NISAの拡充ポイント③は**非課税保有期間の無期限化**です。

従来はつみたてNISAで**最長20年**、一般NISAにいたっては**最長5年**しか非課税で資産運用できる期間がありませんでした。

設定された非課税期間を過ぎると、その運用資産を利益非課税で現金化するか、もしくはそのまま課税口座に移して、そこから先の利益には約20%の税金が課税されるか、いずれかを選択する必要がありました。

その点、新NISAでは非課税投資制度が恒久化されたことで、資金を無期限で非課税運用できるようになりました。

これが何を意味するかというと、**〝一生涯〟〝死ぬまで〟1800万円の投資元本を株や投資信託に投資して、非課税運用を続けられる**ということです。

新NISAの口座を開設して運用を開始できるのは、その年の1月1日時点で**18歳以上になった年**から。

18歳から19歳で始めて、もし100歳まで長生きできれば、なんと**82年間**もの長期間にわたって最大1800万円の投資元本を非課税で運用できるようになったのです。

これは〝すごい〟を超えて、〝ものすごい〟といっていいでしょう。

私のYouTube動画の決め台詞でいうなら、「2024年に新NISAが始まって、人生ラッキーだったな、カカロット（漫画『ドラゴンボール』の主人公・孫悟空のサイヤ人としての名前）」といえるぐらいの改善点です。

100歳まで運用すれば資産8億円!?

たとえば、18歳から22歳までの5年間、毎年360万円を新NISA口座に投資し続けると（18歳の若者がそんな大金を持っているとは思えませんが、あくまで仮の話です）、23歳の時点で新NISAの生涯非課税枠1800万円すべてを非課税運用に回すことができます。

投資対象は運用中に得た利益（分配金）が自動的に再投資されるインデックスファンド。23歳から100歳までの78年間、一度も利益確定をせず、年率1%〜5%の利回りで複利運用した場合、100歳までにどれだけ資産が増えるかを**図7**に示しました。

年率たった1%の運用でも、多くの人が定年退職する**60歳時点で**元本1800万円は**2627万円**まで増えています。100歳時点では3911万円です。

年率3%運用の場合、**60歳時点**で元本1800万円は**5534万円**に増え、100

― 図7 「1800万円を78年間・年率1〜5%で複利運用」の結果 ―

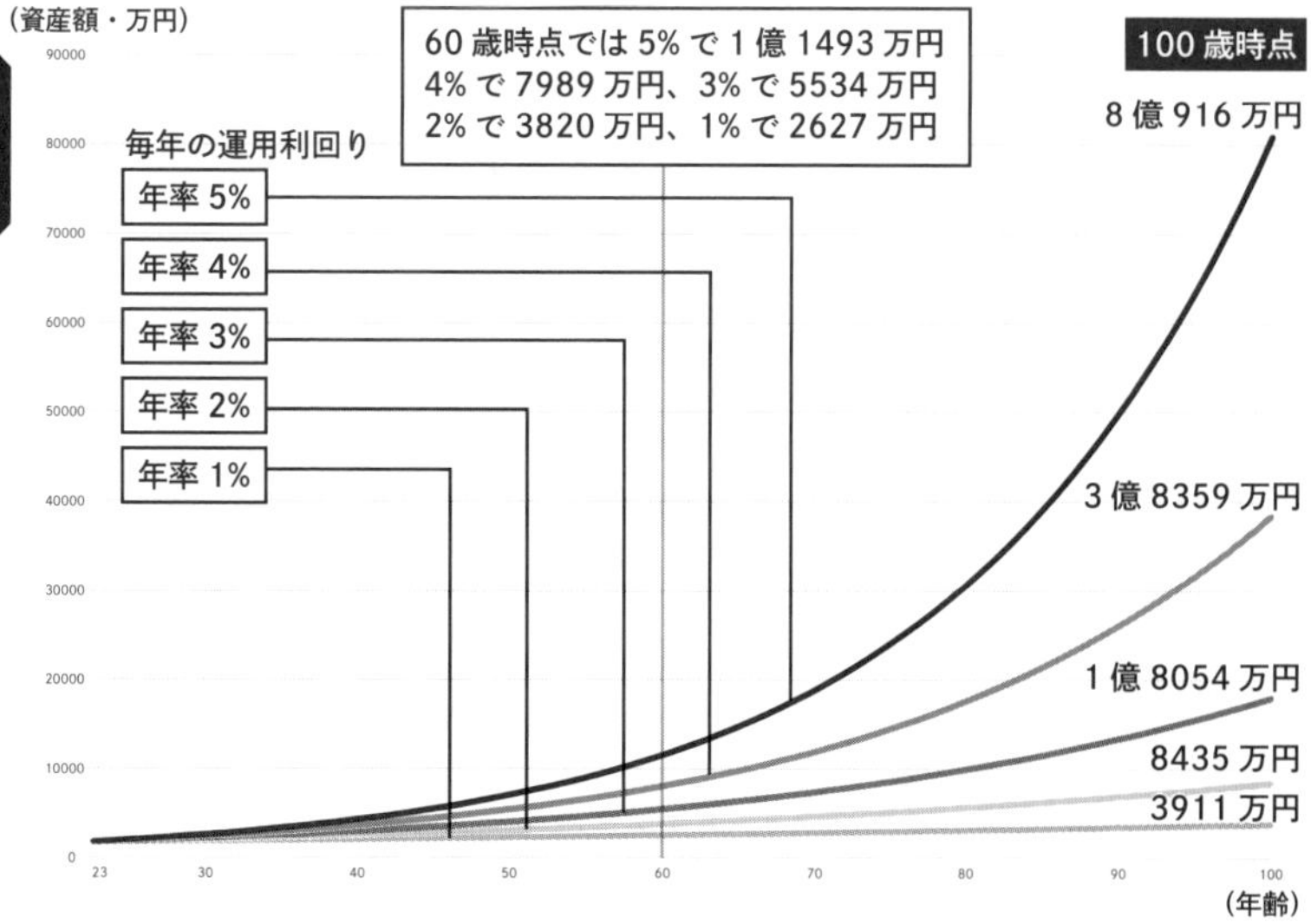

歳まで運用を続ければ総額1億8054万円に達します。

年率5%運用にいたっては、60歳時点ですでに〝億の壁〟を突破して、**1億1493万円**に達し、100歳時点では、な、なんと8億916万円に達します。

むろん、新NISAの運用資産は将来、生活費や老後資金として取り崩すためのもので、100歳まで運用を続けたまま一銭も使わずにこの世を去るというのは〝ありえない〟机上の空論です。

しかし、**年率3〜5%程度の運用利回り**は、日経平均株価や米国の株価指数S&P500などに連動した**インデックスファン**

ドの平均的パフォーマンスとしては月並なリターンです。決して机上の空論ではありません。

とにかく、1800万円というまとまったお金を一生涯、死ぬまで資産運用すると、どれぐらいすごい金額に増えるかがわかります。図7のシミュレーションを見て、長期非課税運用のパワーをひしひしと感じてください。

ポイント④よみがえる非課税枠!

新NISAが旧NISAと最も異なるところ。それは非課税枠を使って投資した金融商品を売却した場合、**翌年以降、元本に相当する分の非課税投資枠が復活**することです。「よみがえる非課税枠」とでも呼べばいいでしょうか。

2023年までの旧NISAでは、口座内で運用している金融商品を売却してしまうと、残りの期間の非課税枠は消滅してしまいました。

つみたてNISAの場合、非課税期間は最長20年。運用途中でどれだけ利益が出ても、また運用期間中にどれだけ生活費や結婚、住宅購入、出産、子どもの教育といったライフイベントでお金が必要になっても、最長20年間の非課税枠をフル活用するために**途中で売却しづらい制度設計**になっていました。

一方、新NISAの場合、非課税期間が無期限化されたおかげで、上限1800万円まで非課税運用していても、その一部を売却するとその分の非課税投資枠が、翌年復活して**再利用**できるようになります。

ちなみに枠が復活するのは、運用して増減した運用資産の評価額ではなく、その運用資産を作るために投資した**投資元本の金額分**です。

これを、金融庁では**「薄価残高方式《ぼかざんだか》」**と呼んでいます。

「薄価」というのは少し耳慣れない会計用語ですが、その資産の帳簿価額のことを指します。新NISAにおいては、その運用資産(金融資産)を購入したときの取得原価=投資元本になります。

たとえば、新NISA口座で元本1000万円を投資したら、運用がうまくいって運用資産の評価額が1500万円に増えたとしましょう。新NISAの非課税枠はあくまで運用資産の評価額ではなく投資元本の金額で計算するため、新NISA口座でさらに非課税投資できるのは、

○正解　「1800万円－運用資産の取得金額1000万円＝800万円」

×間違い　「1800万円－運用資産の評価額1500万円＝300万円」

になります。

それでは、すでに1800万円の非課税枠を、まるまる使い切っていた場合はどうなるでしょうか。その場合、もう新NISAで新たな資金を投資できません。

しかし、1800万円の投資元本のうち、100万円分を売却すれば、翌年以降、再び100万円を新NISAで投資できるようになります。これが、非課税で売却した投資元本の分だけ非課税枠が〝よみがえる（復活する）〟ことの具体例です。

実際には、投資元本が運用の結果、増えているケースも多くなります。

たとえば、非課税投資枠1800万円すべてを使って運用していたら、**運用評価額が倍の3600万円まで値上がり**していたとしましょう。

— 図8 よみがえる「非課税枠（簿価残高方式）」の具体例 —

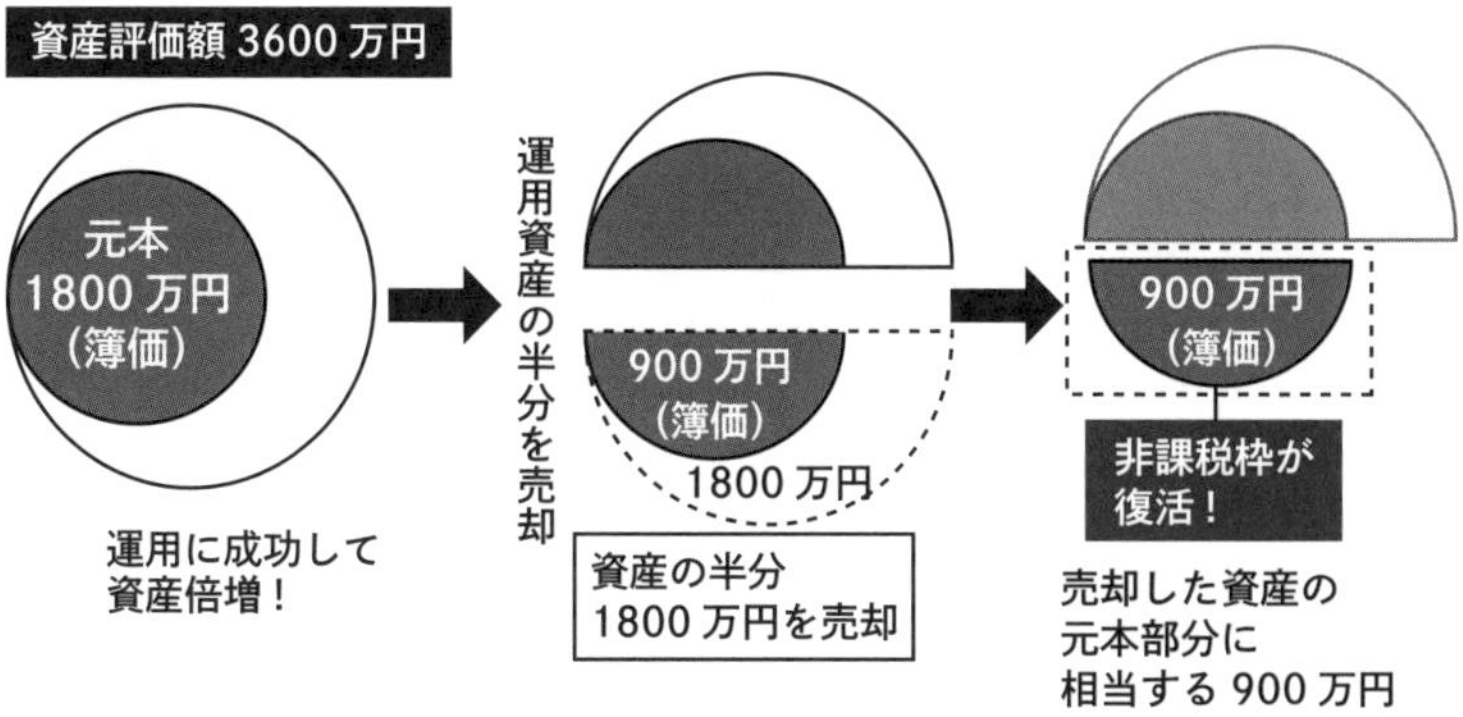

このとき、その半分の1800万円分を売却すると、どうなるでしょう。

新NISA口座には残り半分の運用資産1800万円が残っていることになります。

しかし、その資産1800万円を作るのに使った投資元本は「1800万円÷（運用評価額3600万円÷現金化した運用資産1800万円＝2）」で900万円です（図8）。

そのため、翌年には**投資元本900万円分の非課税枠が復活**することになります。

新NISAの年間投資枠は360万円しかありませんから、図8のケースでは、売却で空いた900万円の枠を1年目360

万円、2年目360万円、3年目に残った枠180万円を投資する……など、**年間360万円まで再利用**できるようになります。

一生涯、繰り返し、何度でも非課税

「生涯で1800万円を非課税投資できる」というと、死ぬまでの間に1800万円まで投資したらあとはもう新NISAを使って投資できない、と誤解してしまう人がいるかもしれません。

その誤解を防ぐため、金融庁では、新NISAの生涯非課税投資枠1800万円を**「非課税保有限度額」**と呼ぶことに決めたそうです。

つまり、「非課税で保有可能な運用資産の投資元本の限度額は常に1800万円ありますよ。いったん、保有資産のうちの一部を売却したら、その売却資産の購入に使った投資元本の分だけ、再利用が可能ですよ」ということ。

ただ、「非課税保有限度額」というのは一般の人にとって逆にイメージが湧きにくい〝お役所〟言葉ですので、本書では**「生涯非課税投資額」**という表現で、総額1800万円の非課税枠を表現しています。

利益確定は運用資産の5分の1ずつで！

たとえば、運用を続けて1800万円の投資元本が3倍の5400万円まで増えたとしましょう。このとき、5400万円の**運用資産の5分の1**（＝1080万円）を売却して非課税で利益を得た場合、翌年以降、再び、運用に要した資金1800万円の5分の1である**360万円分の枠**が空きます。

つまり、翌年には年間投資枠の上限に相当する360万円分の枠がまるまる復活するので、再び360万円を投資することで新NISAの非課税投資枠すべてを有効活用できます。

新NISAで運用を続けて大きな利益が出たり、急な出費が必要になったりしたときは、この**「運用資産5分の1取り崩し」というルール**を活用しましょう。

そうすれば、翌年からすぐに360万円の年間投資枠をまるまる再利用できるので、非課税枠を効率的に回転利用できます。

新NISAは「大きなお金の器」

ここまで読まれただけでも、2024年から始まる新NISAには、旧NISAに比べて、たくさんの改善点があることがわかります。

ただ、20代、30代でまだ収入や貯蓄の少ない人は、「新NISAの年間投資枠の上限**360万円を毎年、投資に回す金銭的な余裕**なんてない」という人がほとんどではないでしょうか。

そういう人は、今後、毎月の収入から余裕を持って投資できるお金を数千円、数万円でもいいので新NISA口座に回して、10年、20年、30年かけて総額1800万円の上限まで埋めることを目指しましょう。

逆に、すでにかなりの余裕資金が銀行の預金口座にあって、1800万円の枠をすぐに埋められるという人は、いざというときの緊急資金を除いた貯蓄で、なるべく早く枠を埋めると、より効率よく長期間にわたって非課税運用できます。

毎年、投資できる資金は、個々人の金銭的な事情や資金的余裕によって本当に千差万別、十人十色です。そう考えると、

「総額1800万円という枠内で、一生涯、繰り返し何度も非課税投資できる、**とても大きなお金の器（必ずしも1800万円全額を埋める必要はない）**」

というのが、最も現実的な新NISAの説明になるかもしれません。

新NISAの疑問①口座開設は？

私が運営するお金の学校「FFC」の生徒さんからも新NISAに関する疑問、質問を受ける機会が増えてきました。

そこで、新NISAにまつわる、よくある疑問に答えていきましょう。

疑問①は**「新NISAには口座開設が必要ですか？　どの金融機関に口座開設する**

と便利ですか？」というもの。

すでに2023年で終了する旧NISAの口座をお持ちの方は、新たに新NISAの口座を開設する必要はありません。旧NISA口座を開設している金融機関に2024年以降、**新NISAの口座も自動的に開設**されます。

ただし、旧NISAと別の金融機関に新NISAの口座を開設したい場合は、まず、旧NISAの口座がある金融機関に**「金融商品取引業者等変更届出書」**という変更届を提出する必要があります。すると、1週間ほどで**「勘定廃止通知書」**が届くので、それを添えて新しい金融機関に口座開設する必要があります。

新NISAの口座開設には、二重開設になっていないかなど税務署の審査も入るため、1~2週間かかります。

つまり、金融機関を切り替えるためには、**最大3週間程度**の時間がかかるので、2024年の年初から別の金融機関の新NISA口座ですぐ投資を始めたい人は、20

２３年11月末から12月初旬ぐらいまでには口座変更や開設の手続きを始めたほうがいいでしょう。

当然ですが、まだＮＩＳＡを始めていない人は、新しいＮＩＳＡ口座の開設が必要です。**２０２３年中は、まず旧ＮＩＳＡ口座を開設。**すると、２０２４年から自動的にその金融機関に新ＮＩＳＡ口座が開設されることになります。

新ＮＩＳＡ口座はネット証券で決まり

では、肝心の金融機関選びはどうすればいいでしょうか。

「投資のことは何もわからなくて不安」という人は、日頃付き合いのある銀行や窓口があって気軽に対面で相談できる大手証券会社で口座開設するというのも一つの考え方です。

ただ、新ＮＩＳＡで買えるインデックスファンドの品ぞろえや取引の利便性を考えると、**ＳＢＩ証券、楽天証券、マネックス証券などネット証券大手**に新ＮＩＳＡの口

図9　ネット証券の投資信託自動つみたてのクレカ・ポイント還元率

SBI証券	三井住友カード （Vポイント）	**0.5%～5%** 年会費無料の三井住友カード（NL）は上限5万円まで0.5%。カードのグレードが上がると還元率アップ
楽天証券	楽天カード （楽天ポイント）	**0.5%～1%** 楽天カードで5万円決済に0.5%～1%還元。楽天カードでチャージした楽天キャッシュ決済5万円分にも0.5%還元
マネックス証券	マネックスカード （マネックスポイント）	**1.1%** 毎月5万円まで最大1.1%のマネックスポイントが贈呈。年1回以上の利用でカードの年会費は無料に
auカブコム証券	auPAYカード （Pontaポイント）	**1%** 毎月5万円まで1%が常に貯まる

※ポイント還元率などの情報は2023年8月20日現在。還元率などは変動する可能性があります

座を開設するのが一番便利だと思います。

こうしたネット証券の場合、投資信託の毎月自動つみたてをクレジットカード（以下、「クレカ」と略）で決済することも可能です。多くの場合、**月額5万円までのクレカ決済に対して、0・5%～1%程度のポイントが還元される**ので、その分、お得につみたて投資できます。ポイント還元率については今後、大きく変わる可能性がありますが、2023年8月20日現在の主なネット証券のポイント還元対象となるクレカ還元率を図9に記載しました。

私、ライオン兄さんのおすすめは、NISA口座以外にも、米国株や米国ETF、

米国債券など金融商品の品ぞろえが豊富で、手数料も最低水準のSBI証券です。私自身がメインで使っているネット証券でもあります。

楽天でよく買い物して、楽天ポイントを使う頻度が高い人は楽天証券でしょうか。とにかく口座開設数で国内1、2位を争う**SBI証券か楽天証券のどちらかにNISA口座を開設**するのが最も無難で、最も賢明な金融機関選びといえるでしょう。

クレカ還元率では、現状、アプラスのマネックスカードを使うと月々5万円のつみたてまで1・1％のポイントが還元されるマネックス証券も有利です。

疑問②つみたて投資枠の投資対象は？

新NISAにはつみたて投資枠と成長投資枠という二つの投資枠があり、それぞれタイプの異なる金融商品に投資できます。

つみたて投資枠で投資できるのは、**金融庁が選定した低コストのインデックスファンドやバランス型ファンド、一部のアクティブ型投資信託**です。

成長投資枠では、米国株を含む個別株やETF、さまざまなアクティブ型投資信託に投資できます。

かなり〝ややこしい〟制度設計になっていますが、二つ枠があるというより、図10に示したように、つみたて投資枠1800万円（年間120万円）の中に個別株投資もできる成長投資枠1200万円（年間240万円）が入っているという〝**入れ子構造**〟になっています。つみたて投資枠と成長投資枠への資金の割り振りは、

①　つみたて投資枠で投資信託につみたて投資する金額を決める。その金額は成長投資枠の年間投資枠も含めると、実質年間360万円（総額1800万円）まで。

②　つみたて投資枠で使わなかった分は、最大で年間240万円（総額1200万円）まで、成長投資枠として個別株投資に使える、

という手順で決めることになります。金融庁の概要では「つみたて投資枠1800万円」となっていますが、**つみたて投資枠600万円、成長投資枠1200万円、成長投資枠でもつみたて投資枠と同じ投資ができる**（逆につみたて投資枠は成長投資枠として使えない）と考えて、投資配分を決めてもいいでしょう。

図10　新NISAのつみたて投資枠と成長投資枠

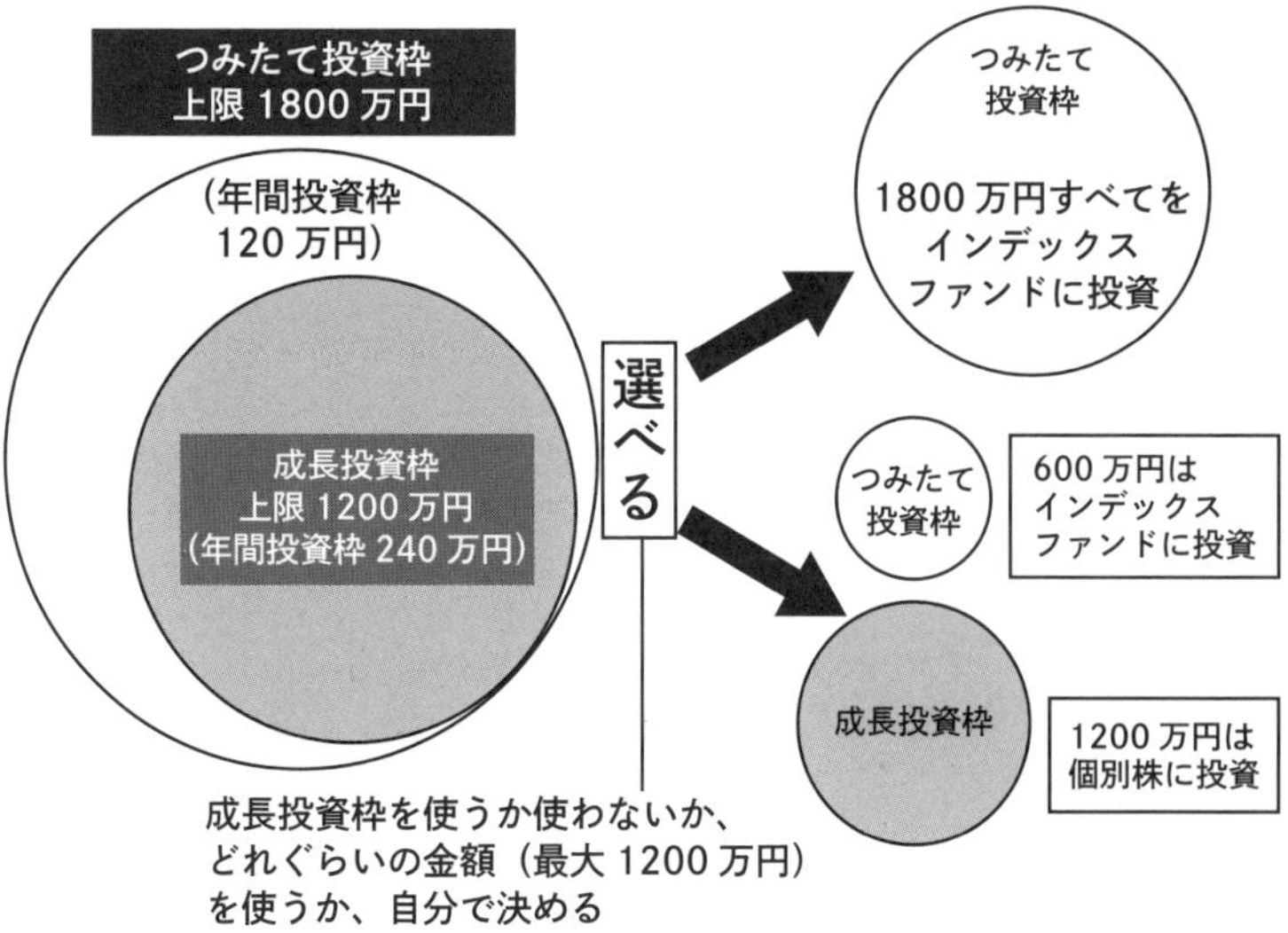

つみたて投資枠で投資できるのは、先ほども述べたように金融庁が選定した投資信託だけです。その商品ラインナップは、2023年で終了するつみたてNISAで投資できるのとまったく同じ、以下のようなタイプの投資信託になります。

●販売手数料が無料

●運用中に投資信託の運用会社などに支払う「信託報酬」という運用コストが安い

●毎月、分配金を支払わない

という3つの条件で選ばれた**長期・つみたて・分散投資に適した投資信託**で、その大部分は、**日本、米国、全世界などの株価**

指数に連動したインデックスファンドです。

ちなみに信託報酬は**「年率何%」**という形で表示されていますが、**1年365日で日割り計算され**日々、投資信託の運用資産から差し引かれます。

2023年7月31日時点の金融庁の資料によると、つみたてNISAで投資できる投資信託やETFは全部で**246本**。ラインナップとしては、

●インデックスファンド（が半分近くを占める）

●バランス型ファンド（運用資産を株式以外の債券や不動産上場投信［REIT］などに分割して投資するタイプ）

●アクティブ型ファンド（ファンドマネジャーが独自の視点で運用するファンドで信託報酬が低コストなもの）

があります。246本もあると迷ってしまいますが、ずばり、新NISAのつみたて投資枠で投資すべき、おすすめファンドは、

●米国株価指数S&P500や全米株式に連動するインデックスファンド

●**全世界株式の株価指数に連動するインデックスファンド**

の2択です。

これは初心者の方でも、すでにつみたてNISAを使って毎月定額つみたて投資を行っているNISA中級者の方でも同じ。

ほかのファンドについてはあまり考える必要はないというのが私、ライオン兄さんの意見です。おそらく、つみたてNISAでインデックス投資している人のマジョリティも同意見ではないでしょうか。

では、米国株式か全世界株式か、どちらを選ぶべきか。これについては第4章で詳しく述べます。とにかくあれこれ迷わず、シンプルに考えることが大切です。

疑問③成長投資枠の投資対象

新NISAの成長投資枠はつみたて投資枠の一部なので、成長投資枠でも、つみたて投資枠で投資できる**インデックスファンドに投資**できるケースがほとんどです。

インデックスファンドへのつみたて投資だけでは飽き足らない人は、年間240万円、総額1200万円の成長投資枠を使って**個別株やアクティブ型投資信託にも投資可能**です。個別株については日本株だけでなく、米国株や米国ETFなど外国株にも投資できます。

インデックスファンド以上の高リターンを目指すなら、ハイリスクにはなりますが、**日本の成長株や米国の巨大IT企業の個別株**に投資するのも一つの考え方でしょう。

ただし、新NISAの成長投資枠では、2023年で終了する一般NISAで購入できた〝投資というより投機目的といえる〟ハイリスクすぎる個別株や長期投資には不向きな投資信託は購入できなくなります。

金融庁の制度紹介を見ると、

- **整理・監理銘柄に指定された個別株**
- **信託期間20年未満の投資信託**
- **毎月分配型の投資信託**

は除外されています。

●デリバティブ取引を用いた一定の投資信託

「デリバティブ取引を用いた投資信託」の代表例としては、「レバナス」という略称で一時、大流行した「iFreeレバレッジNASDAQ100」（大和アセットマネジメント）など**レバレッジ型投資信託**などが挙げられます。その多くは、投資対象となる株価指数などの2倍や3倍の値動きをするように設計された、変動率の激しすぎる投資信託になります。

それ以外の個別株やETF、アクティブ型投資信託には投資可能です。ただし、個別株投資はとても難しく、アクティブ型投資信託は**毎年1～3％の信託報酬**を徴収されるなど非常に高コストで、新NISAのような長期投資には不向きです。

もし、個別株に投資したい場合は、損失が出てしまうリスクやこまめに利益確定する手間や労力が必要なことを覚悟しておいたほうがいいでしょう。

では、どんなETFや個別株に投資すればいいのかについては第3～5章などで詳細に解説します。

疑問④新NISAのデメリットは？

旧NISAでも同じですが、投資で得た利益を非課税で受け取れるのがNISAの最大にして唯一のメリットです。このメリットをまったく生かせなくなるのは、投資したものの、**損失が出てしまったとき**です。

利益にかかる約20％の税金は非課税になりますが、新NISA口座で損失が出たからといって国や金融庁が補塡をしてくれることは絶対にありません。

損失が出てしまうと、当たり前ですが課税されることもありません。つまり、新NISAの大きなデメリットは**投資で損失が出ても、なんの救済措置もない**ことです。

課税口座の場合、投資をして損失が出ても、ほかの株式で利益が出ていれば、**損益通算**して、納める税金を減らしたり、払いすぎた税金を取り戻したりすることができます。

たとえば、ある年にある現物株に投資して**100万円の損失**が出たとしましょう。

一方、その年に、ほかの保有株から**株主配当金10万円**を受け取っていた場合、損失額のほうが大きいので、確定申告をすれば、10万円の配当金から**源泉徴収されていた約20％の税金、約2万円を還付**してもらえます。

その年の利益だけで損失額をカバーできない場合は、翌年以降に損失を繰り越すことで、その後、**3年間は投資で得た利益と損益通算**することができます。

先ほどの例の場合、100万円の損失を、株主配当金10万円と損益通算しても、90万円の損失が残ります。この90万円の損失については、その後、3年間の投資で得た利益と損益通算できます。

しかし、NISA口座内で発生した損失は、そもそも利益が出たときに税金を支払っていないので、損益通算しても税金が返ってくることはありません。

NISA口座の損失を課税口座の利益と損益通算することも認められていません。

そう考えると、**新NISAではできるだけ損失が出ない可能性の高い投資対象に絞って投資すべき**だということがわかります。

むろん、NISA口座で投資できるのは主に株式のため、絶対に損失が出ない投資対象はありません。

ただ、個別株に比べれば、**たくさんの株式に分散投資するインデックスファンド**のほうが値動きはゆるやかで、いきなりゼロになることもありえません。

個別株はその企業の業績次第で株価が激しく上下動しますが、米国や全世界のさまざまな企業に分散投資するインデックスファンドであれば、**米国や全世界の経済が長い目で見て発展・成長していけば、それに応じて上昇**していくはずです。

「損益通算ができない」というデメリットがあるからこそ、それをなるべく回避するため、新NISAでは無難な安定運用が見込めるインデックスファンドをメインの投資対象にしたほうがいいのです。

疑問⑤成長投資枠で何を買う？

新NISAで一番の悩みどころは、先ほども見たように成長投資枠で何を買うか、

でしょう。成長投資枠に関しては、

① つみたて投資枠と同じ金融庁指定のインデックスファンドなどにつみたて投資

② つみたて投資枠とは違った個別株や投資信託、ETFに投資

という二つの選択肢から選ぶことになります。

つみたて投資枠と同じ運用スタイルを目指す場合、話は簡単です。

新NISAの年間投資枠360万円をすべてS&P500や全世界株式に連動するインデックスファンドにつみたて投資することになります。

360万円÷12か月で毎月30万円をつみたて投資するのが基本の投資スタイルになるでしょう。

もしくは、同じインデックスファンドに投資するにしても、成長投資枠の240万円に関しては毎月つみたてではなく、投資対象の株価指数が下落したタイミングを見計らって、何度かに分けて安く買うという投資スタイルも考えられます。

問題は、**②の個別株やアクティブ型投資信託への投資**です。

大きな損失がなるべく発生しないようにNISA運用をしたいなら、成長投資枠においても、個別株ではなく、多くの銘柄に分散投資する**株価指数（＝インデックス）を投資対象にしたほうが無難**です。

たとえば、米国の巨大ハイテク企業が集まる**「ナスダック１００」**という株価指数に連動したインデックスファンドやＥＴＦなどが候補になるでしょう。ナスダック１００はＳ＆Ｐ５００以上に過去のパフォーマンスが抜群の株価指数ですが、つみたて投資枠では、ナスダック１００に連動したインデックスファンドを購入できません。

ほかにも、**つみたて投資枠で購入できない、さまざまなタイプのインデックスファンドやETF**がたくさんあるので、成長投資枠でも、そうしたファンドを使って分散投資すると、損失をなるべく回避した安定運用が可能になります。

生活費を受け取りたいなら高配当株

老後が近づいていたり、会社を定年退職してすでに老後生活に入ったりしている場合は、新ＮＩＳＡの運用資産から、**日々の生活費を非課税で受け取りたい**というニーズが出てきます。

つまり、新NISAの成長投資枠で個別株などに投資するときは、「**配当金を受け取りたい**か？　それとも配当金・分配金は受け取らないで再投資に回して**運用資産自体を増やしたい**か？」という観点が大切になります。

もし配当金を受け取って生活費として活用したい場合は、成長投資枠の資金を使って、**高配当株や高配当株ETF**に投資するのもいいでしょう。

新NISAで運用している資産をいちいち売却して取り崩すのは面倒くさいですし、せっかくの非課税枠の一部に空きを作ることになるので、もったいないです。

高配当株や高配当株ETFなら、保有し続けているだけで毎年、安定した株主配当金や分配金を支払ってくれます。運用資産を取り崩す必要もありません。

日本株にも高配当株はたくさんありますが、**私のおすすめは米国株**です。

米国には日本以上に、株価も安定的に上昇していて、毎年**増配**（株主配当金を増やすこと）を繰り返し、配当利回りも魅力的な企業がたくさんあります。

ただし、個別の高配当株に投資するのは、やはり株価の値動きが激しすぎるというデメリットがあるので、**さまざまな高配当株を集めたＥＴＦ**に投資すれば、毎年決まった時期に分配金を受け取れます。

ＥＴＦに関しても、**米国の高配当株ＥＴＦ**のほうが選択肢の幅が広く、利回りや基準価額（ＥＴＦには市場で実際に売買されるときの価格＝「取引所価格」もありますが、本書では「基準価額」で統一します）の推移も魅力的です。

高配当株ＥＴＦについては第５章で詳しく取り上げます。

資産倍増を狙うならグロース株

インデックスファンドの年平均リターンはどれだけ高く見積もっても年率10％前後が関の山です。その点、個別株、中でも成長性の高い**「グロース（成長）株」**なら、資産倍増どころか10倍増が狙えるかもしれません。

個別株についても、長期的な成長期待という意味では、**米国企業、特に成長著しい**

図11　エヌビディアの株価の推移

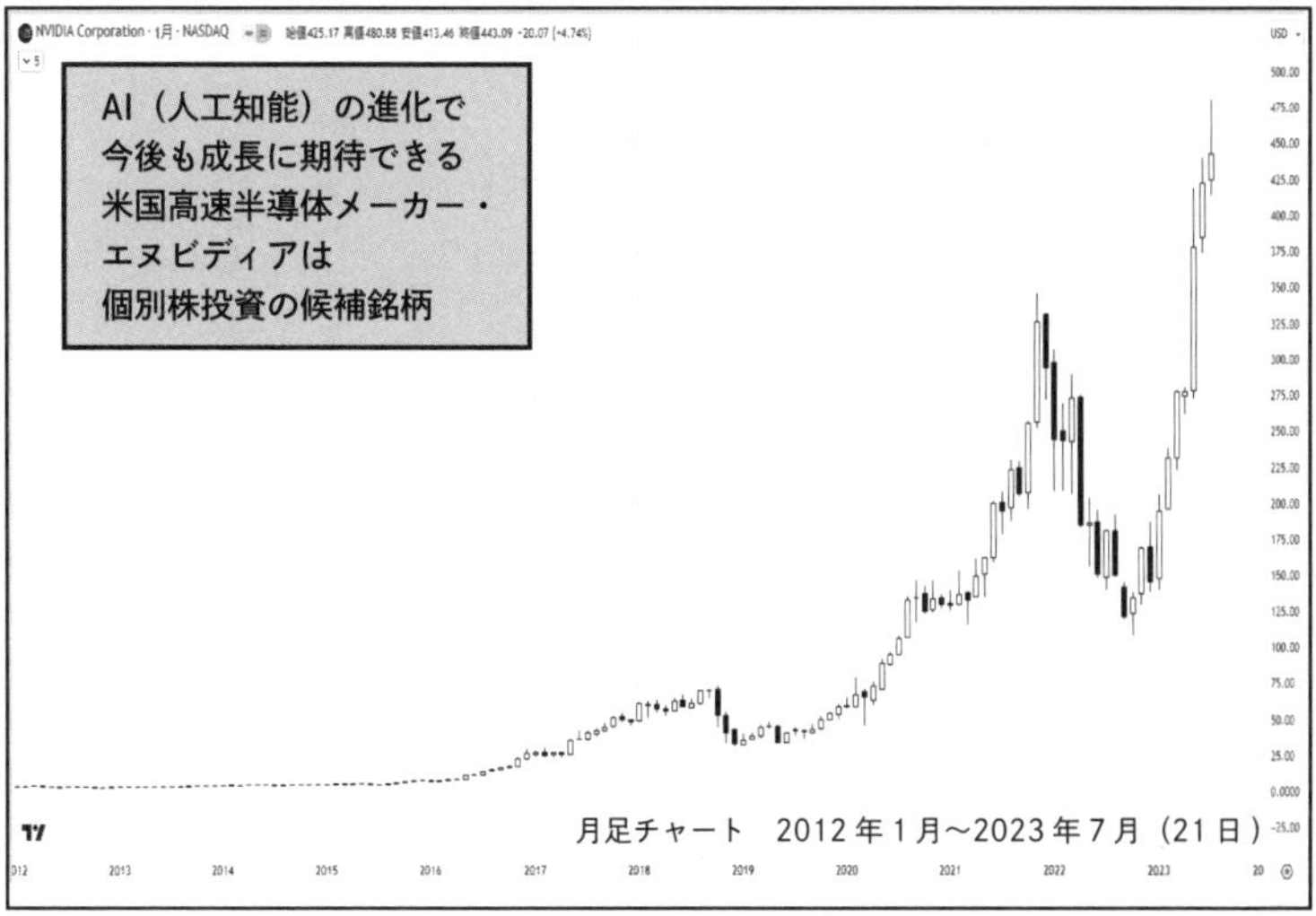
NVIDIA Corporation · 1月 · NASDAQ
AI（人工知能）の進化で
今後も成長に期待できる
米国高速半導体メーカー・
エヌビディアは
個別株投資の候補銘柄
月足チャート　2012年1月～2023年7月（21日）

IT企業のほうが圧倒的に有利だと私は思います。

たとえば、2023年に入って、米国オープンAI社の対話型AI（人工知能）「ChatGPT」が全世界で注目の的になっています。

もし、コンピュータがネットなどの情報を収集、蓄積、学習して、新たな情報としてアウトプットしてくれる「生成AI：Generative AI」という技術が今後もどんどん伸びると思うなら（きっと伸びるはずです）、生成AIの膨大なデータ処理に使われる高性能半導体を作っている**半導体メーカー・エヌビディア**（図11）や、「Ch atGPT」を作ったオープンAI社に出資している**マイクロソフト**などの個別株に新NISAを使って投資するのもいいでしょう。

エヌビディアもマイクロソフトもS&P500の採用銘柄なので、S&P500に連動するインデックスファンドに投資していれば、その成長の恩恵にあずかれます。

しかし、直接、エヌビディアやマイクロソフトの株を買ったほうが、資産の増加スピードは格段に速く、そして大きくなる可能性は十分あるでしょう。

資産形成期は「分配金再投資型」で攻める

最後に、新NISAの鉄則といっていいルールをお教えします。それは、

「老後に向けて資産を大きく増やしたいなら、分配金再投資型の投資信託を利用すべき」

というもの。なぜなら、分配金を受け取ってしまうと、運用で得た利益を再び運用に回して、さらに利益を膨らます**複利効果**が低下してしまうからです。分配金再投資

— 図12　分配金受け取り型／再投資型の資産の推移 —

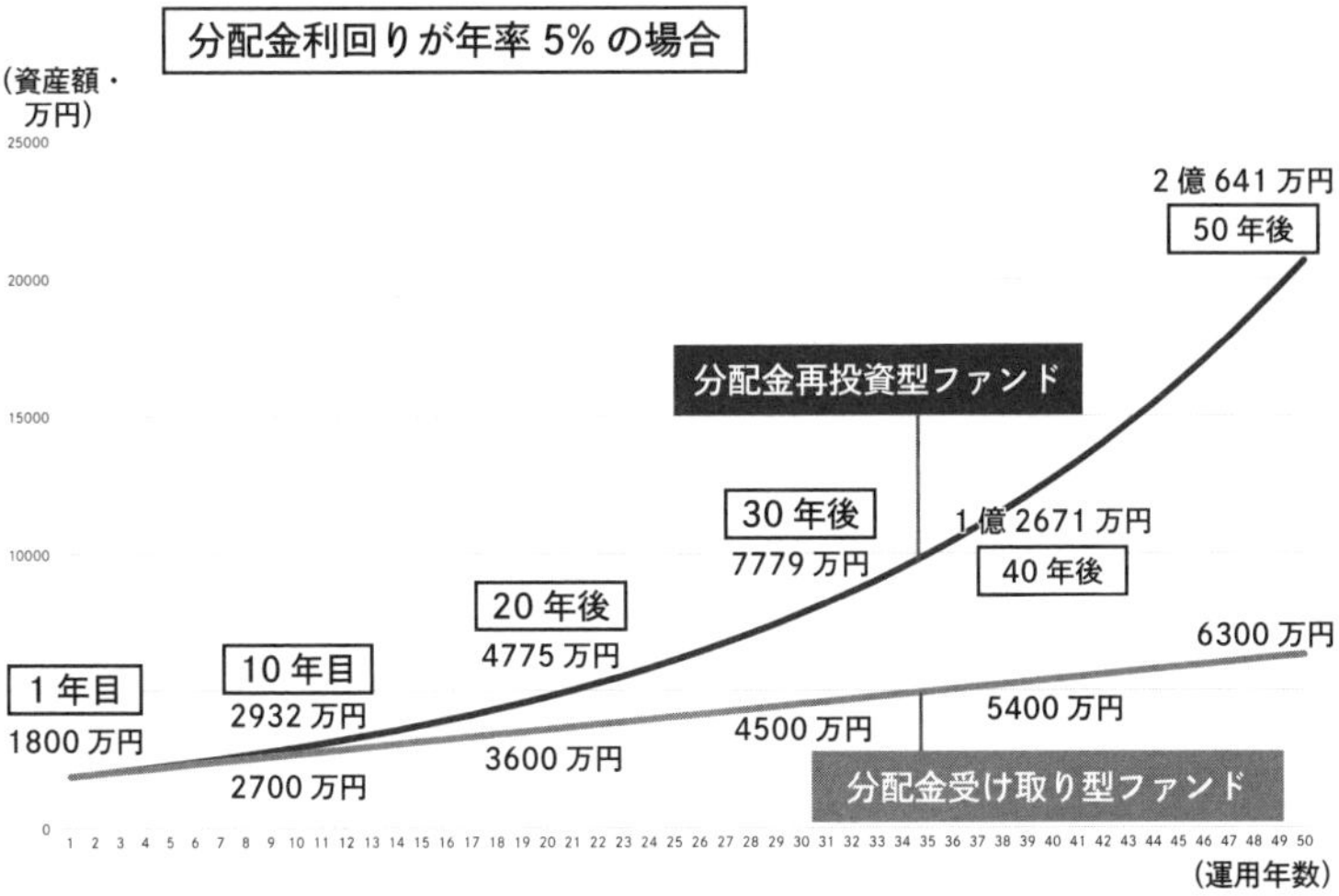

※毎年の運用利益すべてを分配金として計上し、それ以外の値上がり益はないと仮定して試算

型の投資信託の場合、分配金が払い出されず、内部で再投資に回されます。

図12は、年率5％の分配金が支払われる（吐き出される）投資信託と、内部で再投資に回される分配金再投資型の投資信託に、新NISAの非課税投資枠1800万円すべてを投資したときの資産総額の推移を示したものです（分配金以外のリターンはないと仮定）。

分配金が支払われるタイプの投資信託の場合、1800万円の投資元本から、毎年90万円の分配金を受け取ることができます。しかし、**投資元本1800万円の枠はすでに埋まっている**ので、その分配金を新NI

SA口座で再投資できません。そのため、運用資産は毎年90万円しか増えません。

一方、分配金再投資型の投資信託の場合、投資元本は1800万円で同じですが、毎年得られる**分配金90万円を投資信託の内部で再投資**に回してくれるので、枠はいっぱいいっぱいでも、分配金自体を新NISAの非課税枠の中で再投資可能。そのため、**再投資した分配金がさらに分配金を生む複利運用の効果**を最大限発揮できます。

新NISA最大のミッションとは？

図12の資産の増加ペースの違いを見てもわかるように、その差はめちゃくちゃ大きいです！　しかも、運用期間が長くなればなるほど、資産総額に大きな差が出ることがわかります。これこそ、天才物理学者のアインシュタインも**「人類最大の発明」と呼んだ複利運用の効果**です。

この複利効果を存分に生かせるのが分配金再投資型の投資信託。そこに新NISAの**非課税パワー**が加わることで、最強の資産運用が可能になります。

図13　長期投資の複利効果

年率5%のリターンで運用した場合

運用期間	10年	20年	30年	40年	50年
リターン	+62% (2932万円)	+165% (4775万円)	+332% (7779万円)	+603% (1億2671万円)	+1046% (2億641万円)

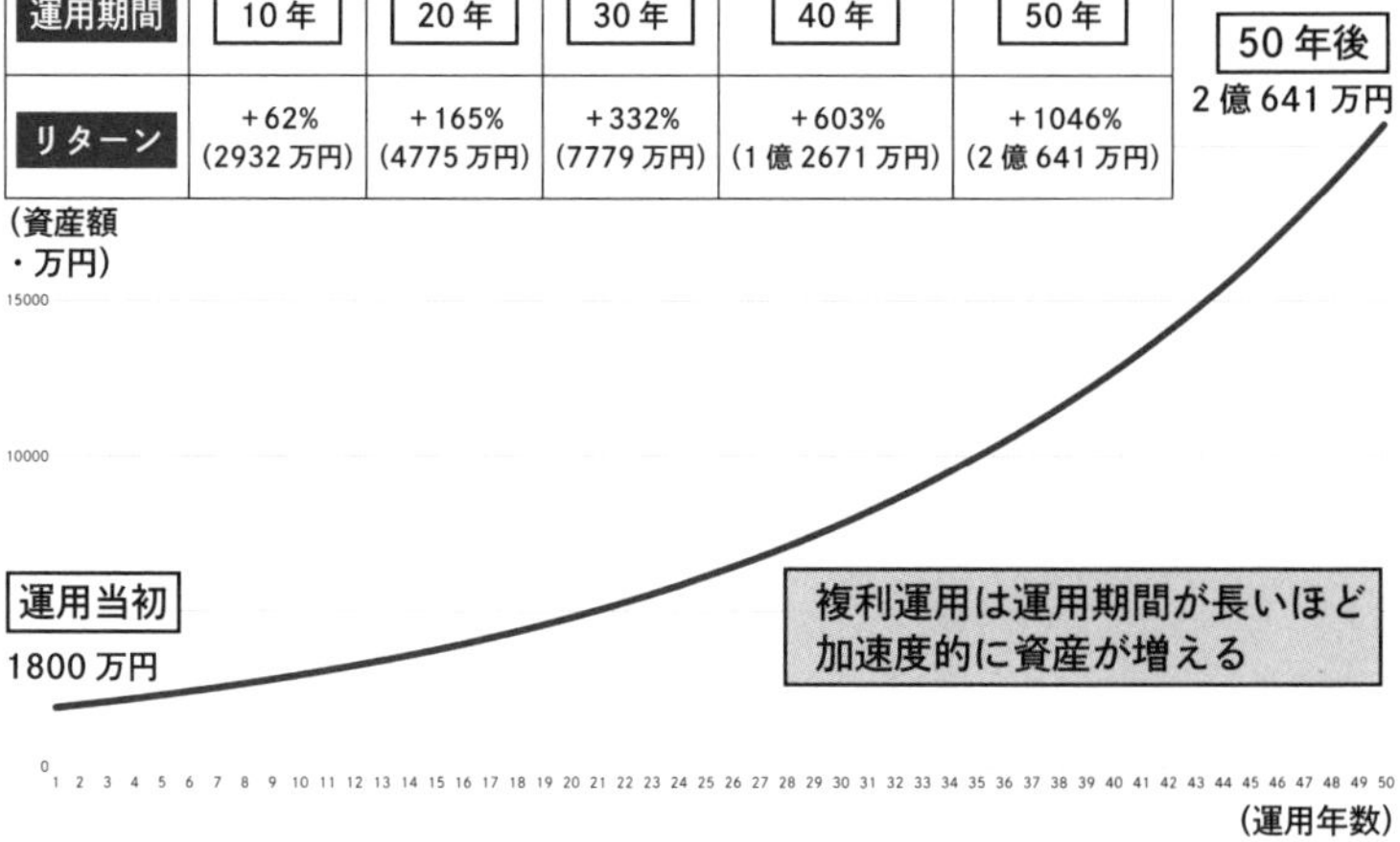

図13に示したように、年率5%のリターンで1800万円を複利運用した場合、運用期間が長ければ長いほど資産は大きく増加していきます。

資産運用では、なるべく長期間にわたって**複利運用を続けること**が非常に大切になるのです。そして、このことからわかる新NISA攻略の一番のポイントは、

「非課税投資枠1800万円をなるべく早く埋めること」。

とにかく、可能な限り短い期間で、上限1800万円まで埋め切ることを新NISA最大のミッションにしてください。

むろん、**1800万円は大金**です。一朝

一夕ですぐに埋めることはできませんし、新ＮＩＳＡの年間投資枠の上限は３６０万円ですので、最短でも5年はかかります。新ＮＩＳＡ口座を開設できるのは18歳からなので、**最短でも23歳**にならないと１８００万円の枠を埋め切ることはできません。

「えっ、自分はもう30歳、40歳、50歳なんだけど」という方もいるでしょう。

しかし、あきらめる必要はありません。新ＮＩＳＡの非課税枠は死ぬまで、一生涯使えます。会社を引退して老後生活入りしたからといって、もう一切投資をやめて、元本保証のある銀行預金だけで暮らすのは、**長い長い老後の非課税投資枠**をゴミ箱に捨てるようなもの。もったいなさすぎます。

つまり、もう一つの新ＮＩＳＡ攻略のポイントは、

「新ＮＩＳＡの非課税投資枠をなるべく長く活用する」。

できることなら１００歳まで、ということになります。

「できるだけ早く、できるだけ長く」こそ、新ＮＩＳＡの最も大切な攻略法なのです。

第2章

ドルコスト平均法“最強神話”を揺るがす新NISAの【億り人】戦略

資産形成のプランは人によって違う

資産形成の道のりは人それぞれです。

収入、貯蓄、労働環境（会社員か、派遣社員か、個人事業主か）、年齢、住まい（都会か田舎か、持ち家か賃貸か）、家族の状況（独身か、既婚か。共働きか、そうでないか。子どもはいるか、いないか）、ライフイベント（結婚、子育て、住宅購入、子どもの大学進学など）、ライフプランなど……、その人が置かれたさまざまな状況や人生観、価値観、金銭感覚などで、**老後の資産形成に対する向き合い方**も変わってきます。

国税庁の民間給与実態統計調査によると、2021年の給与所得者の平均給与は**443万円**。2020年よりも約10・2万円増えたものの、ピークだった1997年の467万円には届いていません。

新ＮＩＳＡの年間投資枠は360万円に拡大されましたが、少ないお給料や貯えから**年間360万円も運用に回せる人**はなかなかいないのが現状です。

新NISAは「1800万円という生涯非課税枠をできるだけ早く埋める入金ゲーム」といいましたが、

「無理は禁物」

です。お金に余裕がないなら、月5000円でも1万円でもかまいません。とにかく、非課税でお金がお金を生み出してくれる〝資産形成マシーン〟であるNISA口座に**たんたんと入金を続けることが**大切です。

「焦ってはいけない、無理をしなくても大丈夫！」と私が強調したいのは、1800万円を埋めるスピードが遅くても、つみたて期間中にも複利運用の効果が働き、**長期つみたてになるほど加速度的につみたて中の資産が増える**からです。

たとえば、次ページの**図14**は**月々3～30万円ずつ毎月つみたて投資**をして、投資元本が新NISAの上限である1800万円に達したとき、資産総額がどれぐらい増えているかを示したものです。つみたて期間中も年率5％の運用利回りで、つみたて中

図14　少額つみたてに働く複利運用の力

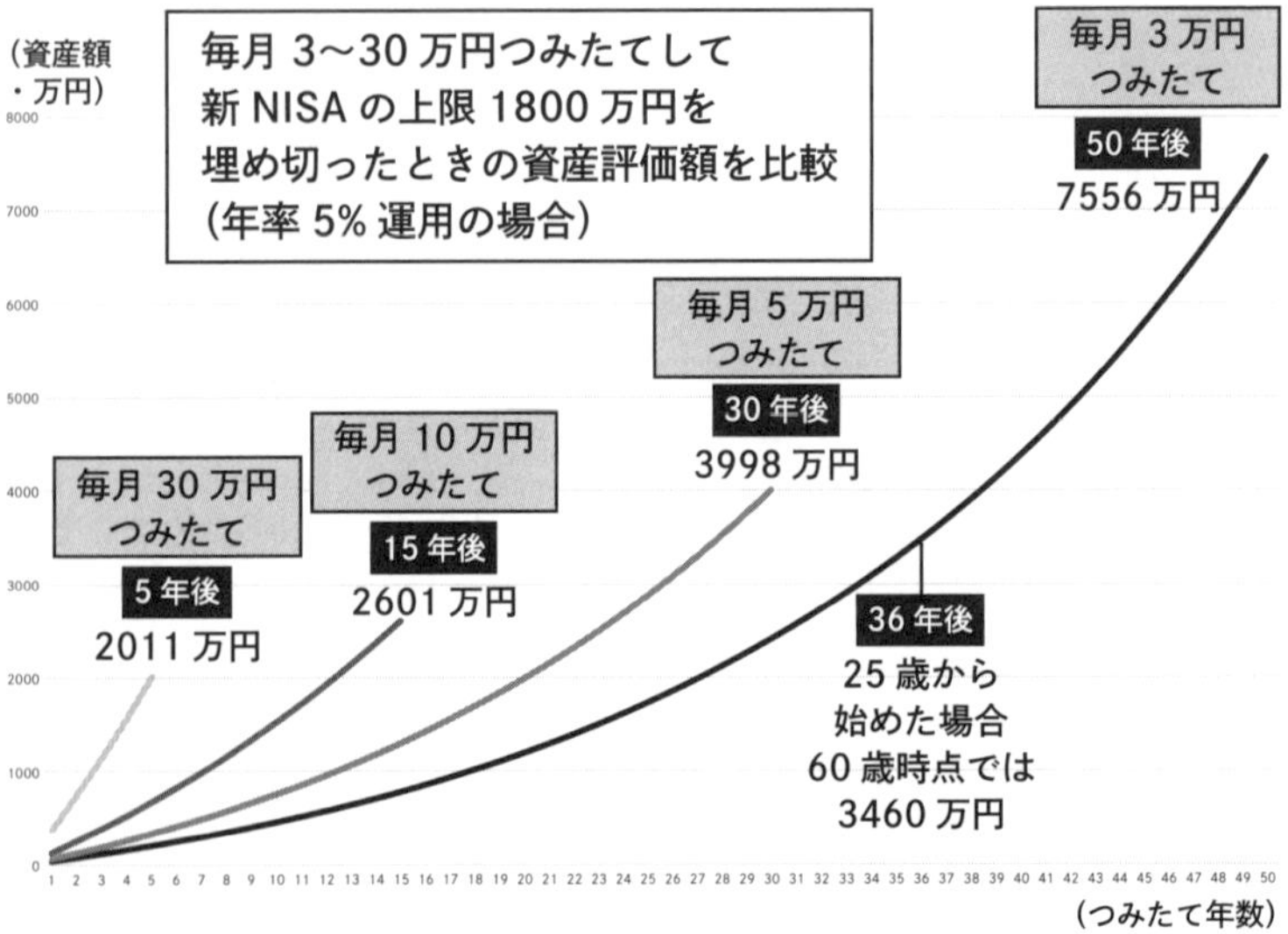

の投資元本がじわじわと増えていく前提で試算しました。

月3万円つみたての場合、年間のつみたて額は36万円ですから、1800万円の新NISA上限額を埋め切るには**50年**かかります。

しかし、その間もせっせと年率5%運用を続けていれば、50年後に新NISAの投資枠1800万円を埋め尽くしたときの資産評価額は、なんと**7556万円**に達しているのです。

会社に就職して、お金に少し余裕ができた25歳から毎月3万円つみたてを始めた場合、1800万円の投資枠をすべて満たすのは**50年後の74歳**になります。

すでに老後生活に入った74歳までつみたてを続けられなくても、**つみたて開始36年後の60歳時点**で投資元本1296万円は**3460万円まで2・6倍以上**に増えています。少額つみたてで枠を埋め切るのに時間がかかる分、逆にそれまでの投資元本を長期複利運用できるので、枠をすべて埋め切ったときにはかなり大きな評価額の資産を築くことができるというわけです。

一括投資か、つみたて投資か？

すでに40代、50代で、**余裕資産が1800万円の倍くらいある人**は、毎年360万円、最短5年で新NISAの生涯非課税枠を埋め切ってください。

次ページの**図15**は、毎年、交互に20％上昇と10％下落を繰り返しながら、0年目に100だった基準価額が30年後に317・2まで上昇した投資信託の値動き（図の棒

― 図15　1800万円一括投資／つみたて投資の運用成績の差 ―

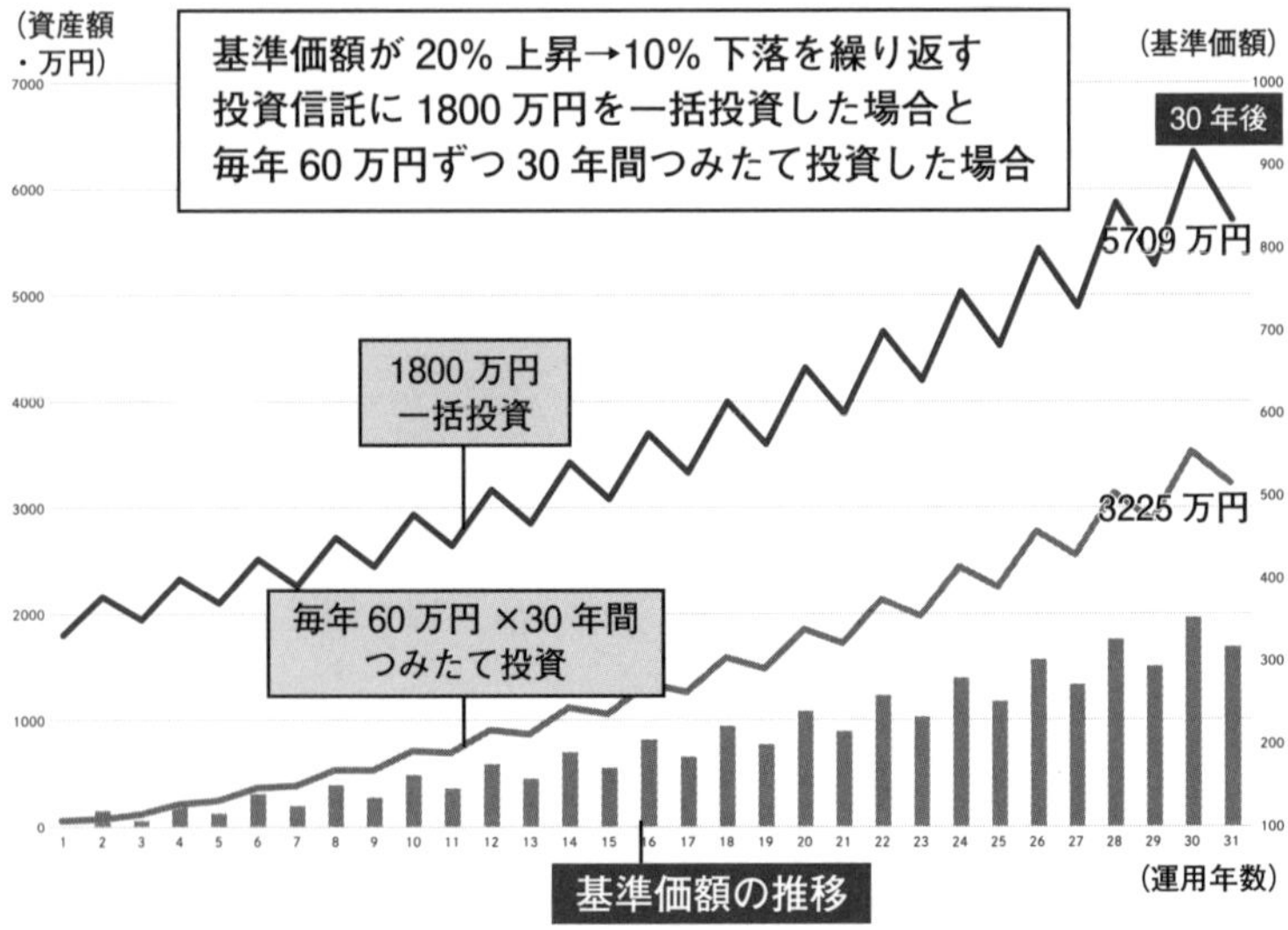

グラフ）です。毎年の値動きを平均すると、およそ年率４％の上昇率になります。

この投資信託に１８００万円を一括投資した場合、30年後には**５７０９万円**に増えます。一方、毎年の年初に60万円を30年間にわたってつみたて投資した場合、30年後の資産評価額は**３２２５万円**で、**２５００万円以上の差**がついてしまいます。

多少の上下動はありながらも平均して年率約４％で**右肩上がりの上昇が続く投資対象**で運用する場合、最初に**一括投資するほうがつみたて投資するよりも得られるリターンは大きくなる**わけです。

これこそ「新ＮＩＳＡでは生涯投資枠１

800万円全額をできるだけ早く**〝5年一括投資〟の感覚**で投資したほうがいい」と私が考える理由です。

大暴落があると、つみたてが有利な面も

ただし、運用途中に大暴落があって、投資したインデックスファンドの基準価額が**半分に目減りしてしまうような期間**が長く続いたあと、**最後に基準価額がもとの100に戻る**といったケースでは、**運用成績が大逆転**します。

0年目に100だったものが30年後も100のままだと、一括投資した人は30年間で一銭も資産を増やすことができません。

一方、つみたて投資の場合、**投資対象の暴落期間も安い基準価額**で対象となる投資信託を**たくさんの口数、つみたて購入**できるので、運用最終年に基準価額が100に戻るだけでも、かなり大きな運用益を得ることができます。

これこそ、基準価額が安いときにはたくさん買えて、高いときには少ししか買わな

い**「ドルコスト平均法」**の効果です。どんな投資初心者でも、知らず知らずのうちに、高値つかみを回避し、底値買いに成功できます。

つみたて投資は、**投資対象がいったん大きく下落したあと、最終盤で一気に巻き返す**という〝9回裏一発逆転サヨナラホームラン〟のような値動きに非常に強い運用スタイルなのです。

ただ、新ＮＩＳＡの投資対象となるＳ＆Ｐ５００にしても全世界株式にしても、ここ30年以上、ずっと右肩上がりで上昇しています。「過去は未来を映す鏡」だとすれば、今後も右肩上がりが続くでしょう。**右肩上がりが続いている投資対象**はやはり最初に全投資資金を**一括投資したほうがより効率的**に資産を大きく増やせます。

月10万円×12か月×15年間が現実的!?

いくら一括投資のほうが効率的といっても、20代、30代で新ＮＩＳＡの生涯投資枠１８００万円を最短5年で用意できる人はほとんどいないのが現状でしょう。

現実的には、社会人として安定した収入を得ることができるようになり、多少の貯金もできて、投資に回せるお金が作れるのは**30歳前後**のはず。

30歳から少し頑張って**毎月10万円、年間120万円**で、新NISA口座のつみたて投資をスタート。**15年後の44歳で、投資元本が新NISAの生涯投資枠1800万円に到達**というのがモデルケースといえるかもしれません。

よりハードルを下げるなら、毎月5万円、年間60万円で、30年後の59歳で1800万円に到達というケースになるでしょう。

本書の冒頭でも紹介した、

「30歳からつみたて開始・1800万円到達後はほったらかし運用・60歳からは運用しながら取り崩し→100歳で運用資産がほぼ0円・運用利回りは年率5%」

というシミュレーションの月5万円つみたてと月10万円つみたての資産の推移を次ページの図16に掲載しました。

100歳まで運用しながら取り崩して**「DIE WITH ZERO（資産を全部使って死ぬ）」**というのは少し非現実的なので、80歳でほぼゼロになる取り崩しプラ

— 図16 「30歳から毎月5万円・10万円」の運用・取り崩し —

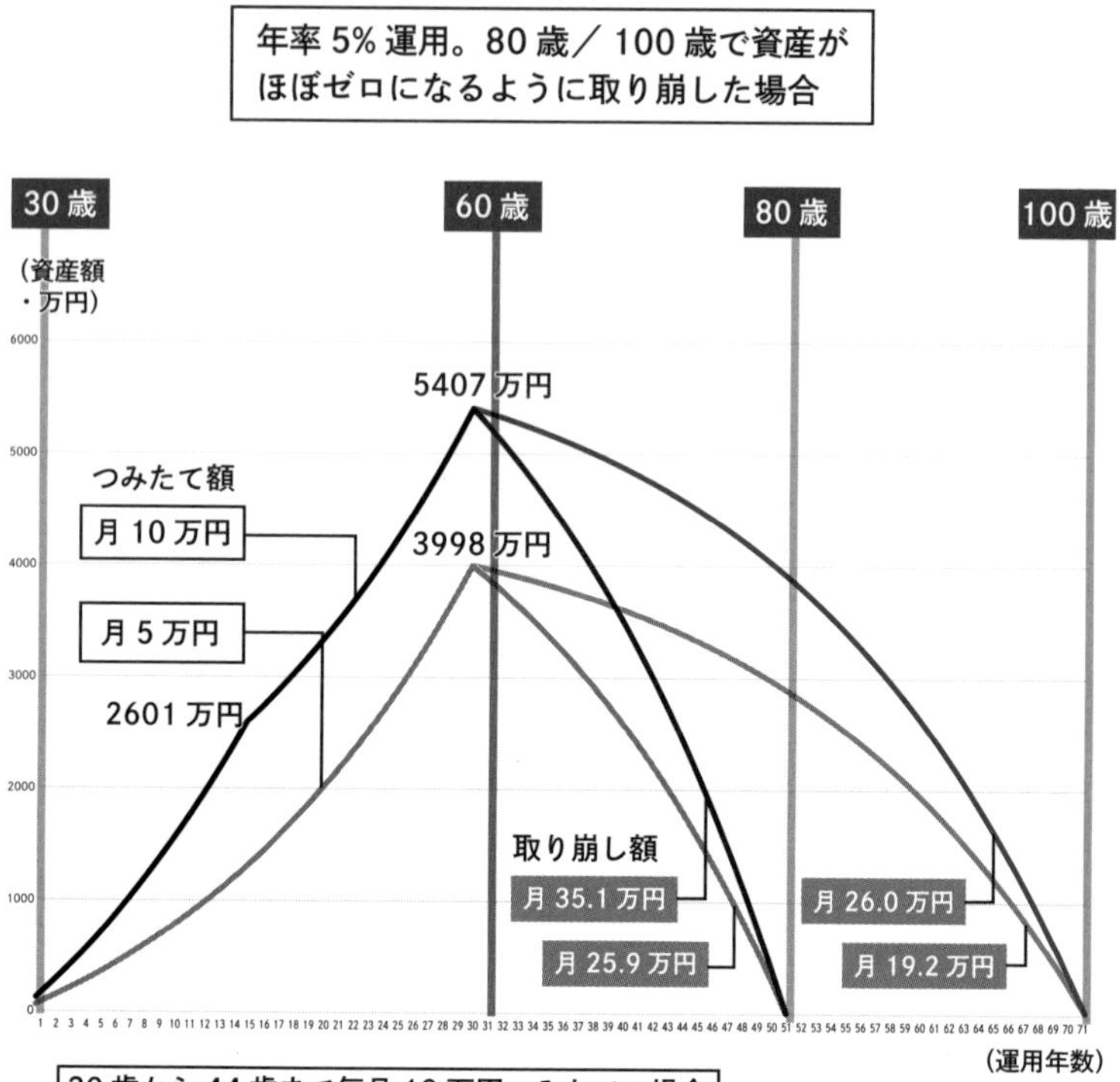

30 歳から 44 歳まで毎月 10 万円つみたての場合

・59 歳時点の運用評価額は５４０７万円。
・１００歳でゼロになる取り崩し額
　毎月 26.0 万円、年間３１２・６万円（総額１億２８１６万円）
・80 歳でゼロになる取り崩し額
　毎月 35・１万円、年間４２１・６万円（総額８８５３万円）

30 歳から 59 歳まで毎月 5 万円つみたての場合

・59 歳時点の運用評価額は３９９８万円。
・１００歳でゼロになる取り崩し額
　毎月 19・２万円、年間２３１・１万円（総額９４７５万円）
・80 歳でゼロになる取り崩し額
　毎月 25・９万円、年間３１１・８万円（総額６５４７万円）

※計算を簡略化するため、毎年年末にその年の月々のつみたて金額の合計を一括で投資し、60 歳以降は毎年年末にその年の月々の生活費を一括で取り崩す前提で試算しています。そのため、実際の毎月つみたて・取り崩しと金額が若干異なります

ンも試算してみました。
30歳から44歳まで**毎月10万円つみたて**の場合、59歳時点の運用評価額は**5407万円。60歳から100歳**でゼロになるように取り崩す場合、**毎月26・0万円**を受け取れます。より現実的な**80歳ゼロ**なら、**毎月35・1万円**。これだけあれば一部を銀行預金にプールできるので、死ぬまで優雅に暮らせるでしょう。
30歳から**毎月5万円つみたて**の場合、59歳時点の運用評価額は**3998万円**と少ないですが、それでも**60歳以降、20万円前後を取り崩せる**ので、年金と合わせればきっと怖いものなしでしょう。
長い長い老後生活の中で、**毎月20万円～30万円の新NISA資産を非課税で取り崩せる**のは、実に心強いと思いませんか。

新NISAは3ステージに分かれる

図16のシミュレーションを見ると、新NISAの運用ステージが、

●**入金期間**
●**ほったらかし期間**
●**集金期間**

という3つの期間に分かれていることに気づくはずです。

入金期間は、新NISAの生涯投資枠1800万円分の投資元本を埋めるべく毎月つみたて投資を続ける期間です。新NISAの年間投資枠の上限は360万円ですから、**毎月30万円が入金額のマックス**です。

ほったらかし期間は、1800万円を入金したあと、ほったらかしにして複利運用に励む期間です。すでに生涯非課税投資枠を使い切っているので、もう**新NISA口座に追加入金はできません**。

つまり、新NISAの運用というのは、投資元本の上限1800万円を頑張って埋め切ったら、あとはお金自体に勝手に働いてもらって、お金を増やしてもらうこと以外、何もやる必要がないということです。ただ、**ほったらかし期間が長ければ長いほど**複利運用の効果で資産は加速度的に増えます。ほったらかし運用の期間をどれだけ長くできるかが、60歳以降の取り崩し額を決めるといってもいいでしょう。

むろん、これまでせっせと新ＮＩＳＡ口座につみたて投資をしてきて、枠が埋まったから急に新規投資を止めてしまうのも、もったいないもの。その後も資金に余裕があれば、**課税口座を使って**つみたて投資を続けてもいいでしょう。

最後は運用しつつ取り崩す集金期間です。図16では「80歳でゼロ」「100歳でゼロ」の2パターンで試算しましたが、老後の取り崩し開始時期や取り崩し期間の設定は、**年金収入や新ＮＩＳＡ以外の資産状況**によって、人それぞれです。

ＦＩＲＥ４％ルールを使った定率取り崩し

私は30代半ばで**ＦＩＲＥ**を達成し、その後、お金の学校「ＦＦＣ」を設立して、多くの人にＦＩＲＥ達成に向けた資産運用法について講義してきました。
ＦＩＲＥとは、働かないでも自分の持っている貯金、そして株式やＥＴＦ、投資信託からの不労所得（インカムゲイン）と資産自体の計画的な取り崩しだけで生計が成り立っている状態をいいます。

ＦＩＲＥを達成するためには、年収が高く、資産をたくさん持っている必要はありません。自らの保有するお金に精一杯働いてもらうことで、株主配当金や投資信託の分配金など不労所得を受け取り、その**限られた収入の範囲内に生活費を収める**ことに成功すれば、ＦＩＲＥを達成できます。

ＦＩＲＥというステータスを実現するためのルールとして有名なのが、**「4％ルール」**です。米国で行われた過去の資産運用に対する研究では、**「資産の取り崩し率が4％以下なら、株式の比率を50％以上にしておけば、25年間資産を食い潰してしまうことなく、資産の運用益と元本取り崩しだけで生活できる」**ということが実証されています。

新ＮＩＳＡにおける老後の資産取り崩しにおいても、これまでのシミュレーションのような**定額取り崩し**ではなく、この４％ルールを活用した**定率法**を採用すれば、**資産の目減りを抑えた取り崩しが可能**になります。

— 図17　60歳から定率4%取り崩しのシミュレーション —

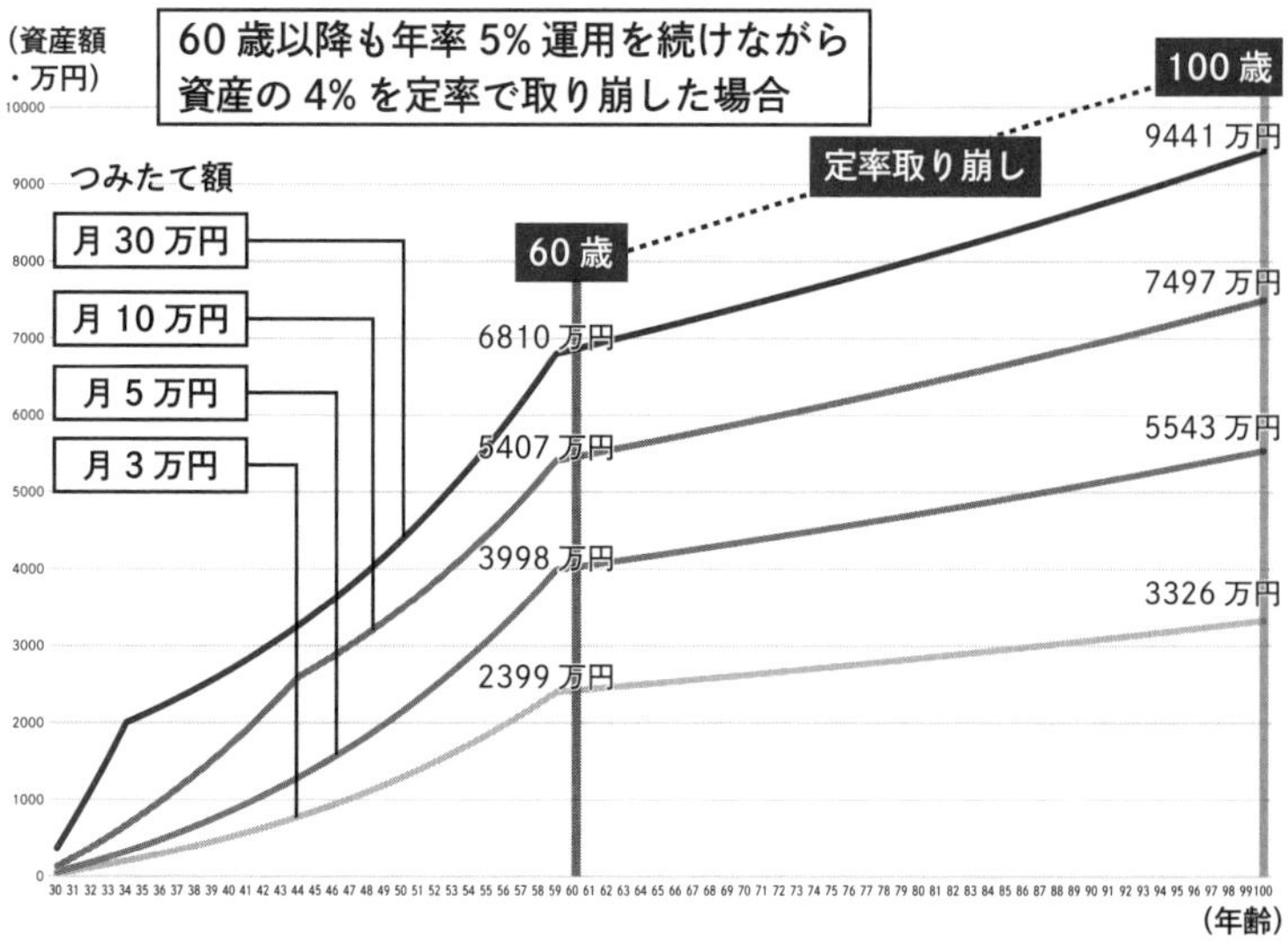

たとえば、30歳から毎月3〜10万円の「新NISAつみたて・運用・取り崩しプラン」における60歳からの取り崩し方法を、定額ではなく、定率4%の引き出しで再計算した場合、どうなるでしょうか？

図17のように、60歳から41年間、資産の4%を切り崩したとしても、年率5%の運用益を毎年得ることができれば、100歳時点の資産は**減るどころか増えて**います。

この場合、毎月3万円つみたてでは、60歳当初の取り崩し額は年間95万円程度で、月あたりでは**約8万円**になります。これだけでは生活できません。

ただし、新NISA以外に銀行預金など

十分な現金資産があったり、65歳までは働いて生活費の一部を稼いだり、65歳以降は年金を受け取ったりするなど、**ほかの収入源とトータルで考えれば**、十分生活できるはずです。

「新NISA口座から4％取り崩し＋貯金＋年金」という金額の範囲内で生活できれば、60歳以降働かなくても生活できるうえに、年率4％を少し上回る運用益を出せれば、新NISAの運用資産は60歳時点当初の2399万円（月3万円つみたての場合）から徐々にですが増え続けます。

そのお金を何かあったときの頼れる予備資金としてキープできれば、精神的にも余裕を持った老後を過ごすことが可能でしょう。

定率取り崩しの場合、運用利回りより高い比率で取り崩してしまうと、老後の終盤における運用元本が小さくなりすぎて、ほとんどお金を引き出せなくなります。**運用利回りを少し超える程度の比率**を取り崩すことで、運用資産自体をあまり減らさないようにするなど、**〝取り崩し比率のさじ加減〟**が重要になります。

「現金クッション」の考え方

株式相場は上昇と下落を繰り返すため、平均して5%の年間リターンを確保できるとはいっても、ときには大きく下落してしまう年もあります。

2000年のITバブル崩壊、2008年のリーマンショック、2020年のコロナショック、2022年のインフレ高金利による下落相場など、株式市場には**5~10年に1度ぐらいの頻度で「暴落」**といっていい大きな下落期間がありました。

そうした株式の下落は当然、新NISAの運用にも大きな影響を与えます。

そんな〝非常事態〟に備えるためには、新NISAの運用資産とは別に**必ず現預金を保有しておくべき**です。

株価暴落の衝撃を吸収するために用意しておく現金ということで、私はこれを**「現金クッション」**と名付けています。

過去の経験則では株価が暴落してから、S&P500や全世界株式などの株価指数が再び暴落前の水準まで回復するのに要する期間はおよそ2年、長いときは5年ぐらいかかります。

そこで、老後生活に入ったら、総資産のうち**「毎年かかる生活費×5年分」**ぐらいは、現金クッションとして銀行の預金口座にプールしておくことを強くおすすめします。

暴落直後に新NISAの運用資産が大きく目減りしてしまったときは**一切取り崩しを行わず、暴落前の水準に資産が回復するまで耐える**のです。

株価指数が暴落前の水準まで戻り、運用パフォーマンスが年率5％以上に回復すれば、従来通り、資産の一部を定額で取り崩していっても、運用資産を大きく目減りさせることなく、100歳まで十分な資金量を維持できるでしょう。

年間の生活費が400万円という人は「400万円×5年＝**2000万円**」の現金クッションが、新NISAの資産（投資元本は1800万円）とは別にあると、暴落が来ても耐えられる金銭的・精神的余裕を手に入れられるはずです。

「新ＮＩＳＡの１８００万円だけでもたいへんなのに、２０００万円もの現金クッションを作るのは不可能」という人は、年間の生活費のうち、**「年金でまかなえる部分を除いた金額×5年分」**を現金クッションとして用意できるように努力してみましょう。年間の生活費が４００万円で、65歳から月額10万円、年間１２０万円の年金をもらえる人なら、「（４００万円－１２０万円＝２８０万円）×5年＝１４００万円」が現金クッションの目標金額になります。

このように、ＦＩＲＥ達成のための知恵である「４％ルール」や「現金クッション」の考え方は、新ＮＩＳＡを活用して豊かな老後生活を送るためにもたいへん役立ちます。私の前著『年収３００万円ＦＩＲＥ』（ＫＡＤＯＫＡＷＡ）にそのノウハウが詳細に書かれていますので、まだお読みでない方は、ぜひご一読ください。

新NISAの意外な落とし穴とは？

新NISAは1800万円という生涯投資枠をなるべく早く埋める入金ゲームですが、あまり焦って入金してしまって、**日々の生活が金銭的に成り立たなくなる**のは本末転倒です。取り崩し時だけでなく、上限1800万円を目指した、**つみたて期間中にも〝落とし穴〟**があるので検証していきましょう。

たとえば、次のような収入・資産構成の人について考えてみましょう。

●40歳　会社経営者
NISA口座100万円　特定口座100万円　貯金1000万円
月収50万円　月の生活費30万円

2023年までは、つみたてNISA口座で月3万円、特定口座で月2万円ずつ、S&P500に連動するインデックスファンドにつみたて投資していたとします。

この人は果たして、2024年から始まる新NISAで、毎月30万円つみたて、最短5年の上限1800万円達成を目指しても大丈夫でしょうか。

まずは月々30万円をどう捻出するか、その内訳を考えてみる必要があります。

この人の場合、月収50万円で月々の生活費が30万円ですから、残りの20万円はまるまる新NISA向けの資金として利用できます。それでも足りない10万円に関しては、貯金1000万円から切り崩していくとしましょう。

●5年後のポートフォリオ

新NISA口座1800万円　旧NISA口座100万円

特定口座100万円　貯金400万円

5年間の運用損益を考慮しない場合、現在から5年後のポートフォリオは、次ページの図18の円グラフのように変化します。「現金比率16・7%、株式比率83・3%」という構成から見ても、株式比率が高すぎて、リスクが高いポートフォリオになってしまいます。

つみたて開始当初は、毎月20万円を貯蓄に回せて、しかも貯金が1000万円もあるので、余裕で新NISAの生涯投資枠を5年で埋め切れるように見えました。

― 図18　最短5年で上限1800万円到達のポートフォリオ例 ―

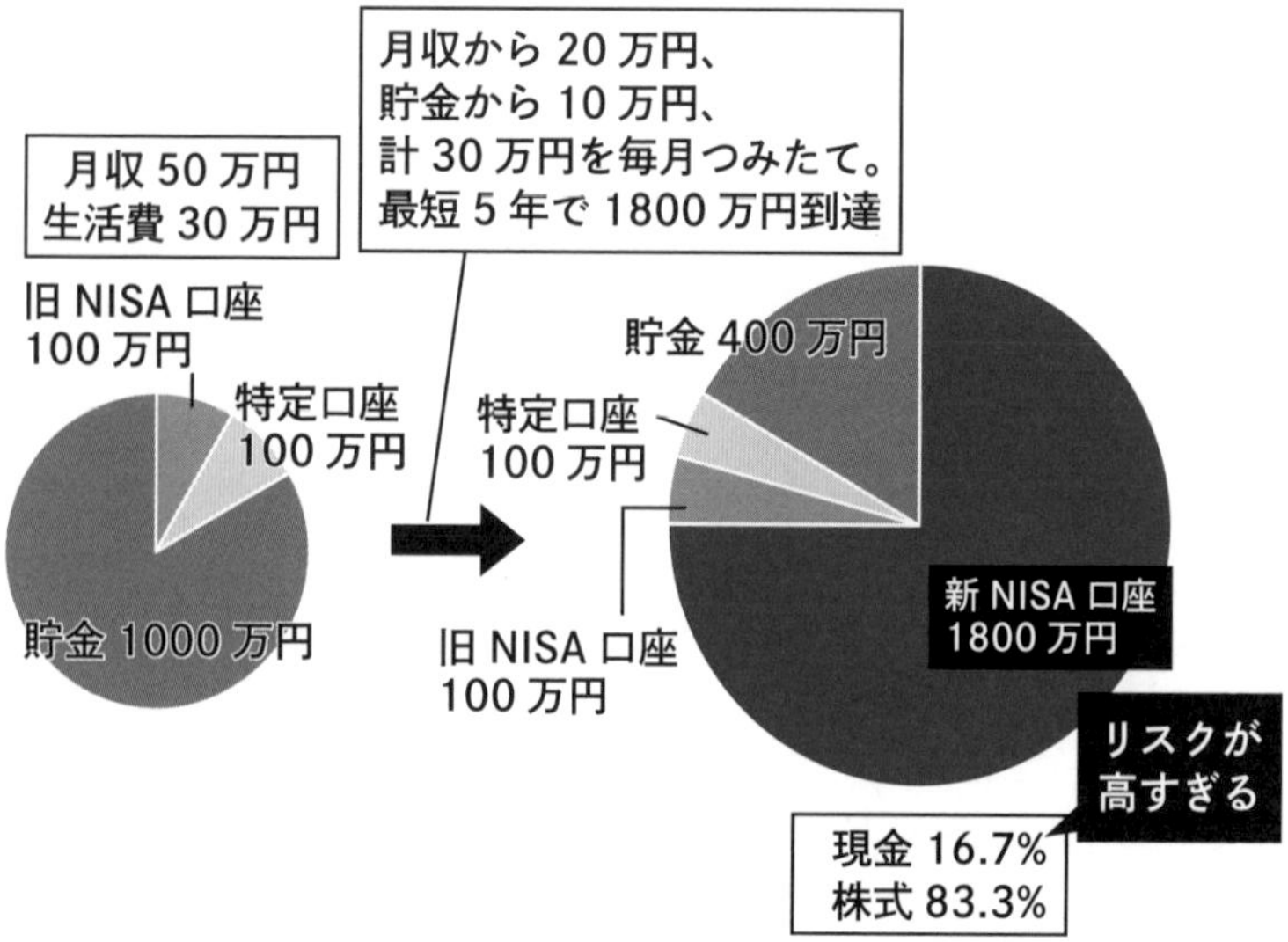

しかし、５年後のポートフォリオを見ると、**総資産の8割以上を株式**が占め、１０００万円あった貯金が４００万円に目減りして、**現金比率が低下しすぎて**います。

S&P500が40%暴落したら？

もし金融ショックや景気後退による株価暴落に見舞われて、新ＮＩＳＡ口座のリスク資産が激減したら一大事です。

株価が暴落するような**不景気のときは、収入も目減り**してしまうリスクも高いでしょう。ひょっとしたら月々の生活費30万円を月収では埋め切れず、４００万円の貯金からの取り崩しを強いられてしまうかもしれません。

たとえば、新NISAの生涯投資枠1800万円を埋め切った5年後に、投資していたS&P500などのインデックスファンドが40%下落したら、

●新NISA口座などにあった2000万円の運用資産の評価額は**1200万円に減少**（800万円の含み損）、

●**支払いが重なった**ため、400万円だった貯金が**200万円まで目減り、**

といった窮地に陥ってしまうかもしれません。

さらに支払いが重なってしまうと、せっかく苦労してつみたてた新・旧NISA口座の**運用資産を損切りして、現金化する羽目に陥る**かもしれません。そうなると、株価が気になって眠れなかったり、仕事が手につかなくなったりしてしまうでしょう。

投資はあくまで余裕資金で気長に

やはり、新NISAが生涯投資枠1800万円をできるだけ早く埋める入金ゲーム

だったとしても、**投資は余裕資金で気長にやるべき**もの。

「1800万円の壁」はかなり大きく、手ごわいのです。

新NISAのもう一つのメリットは「死ぬまで非課税運用できる」ことですから、**できるだけ早く運用できない分は、できるだけ長く運用することでカバー**しましょう。

2023年で終了するつみたてNISA同様に、**毎月3・3万円、年間40万円**の資金で「1800万円÷40万円＝**45年間**」かけて、気長に1800万円の枠を埋めてもいいのです。45年間といえば、25歳ではじめて69歳までかかってしまう計算ですが、途中、60歳になった時点でつみたてをやめて、新NISAの非課税枠すべてを使い切れなくても別に問題はありません。いざというときに必要な現金を十分に確保したうえで投資することのほうが大切です。

毎月20万円つみたてならどうか？

では、月々のつみたて額を10万円減らして、20万円にした場合はどうでしょう。

－ 図19　7.5年で上限1800万円到達のポートフォリオ例 －

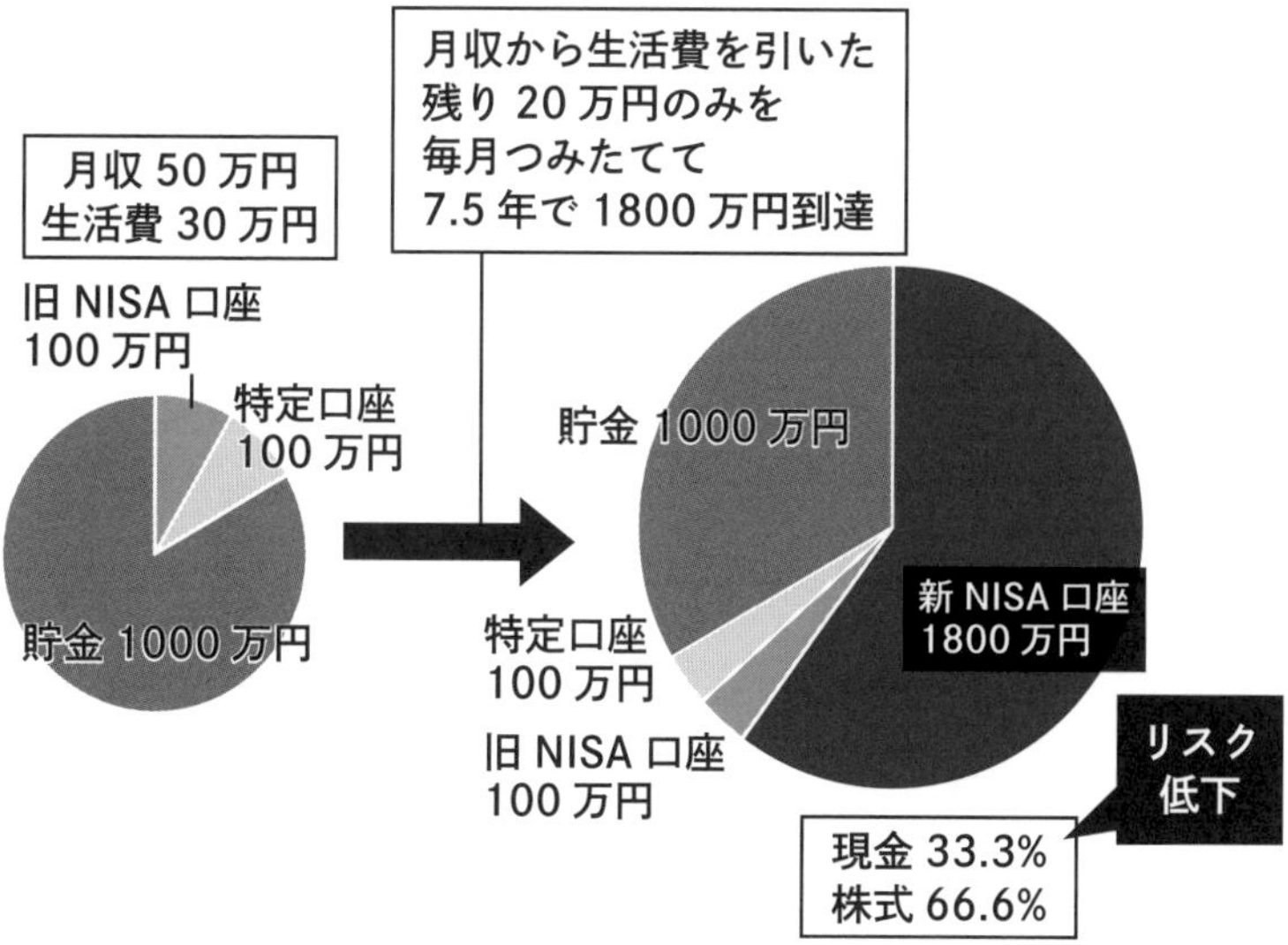

この場合、毎月20万円×12か月で年間240万円。「1800万円÷240万円＝7・5年」で新NISAの生涯投資枠を埋め切ることができます。

先ほどと同じ資産状況の場合、図19で示したように、

●新NISAつみたて開始前
旧NISA口座100万円
特定口座100万円　貯金1000万円
月収50万円　月の生活費30万円

●7・5年が経過後
新NISA口座1800万円
旧NISA口座100万円
特定口座100万円　貯金1000万円

貯金の額を１０００万円から一切減らすことなく、新ＮＩＳＡの上限１８００万円の枠を埋め切ることができました。

資産ポートフォリオは「現金33・３％、株式66・６％」に変化します。

現金比率は決して高くはありませんが、１０００万円の現預金があれば、株価が暴落しても安眠できるでしょう。

この人の場合、月々の生活費は30万円なので年間３６０万円。もし不況で月収が13・３万円に激減しても、「預金１０００万円＋（激減した年収約１６０万円×５年＝約８００万円）＝１８００万円」で、なんとか**5年間**は暮らすことができます。

５年後にはきっと株価も回復して、再び運用資産も増加し、収入が生活費を上回るレベルになっているでしょう。

むろん、総資産の３分の２を株式で運用するのは少し比率が高すぎます。

そのため、図19のケースでは、新ＮＩＳＡの生涯投資枠１８００万円を埋め切るというミッションをクリアした時点で、いったん追加投資はお休み。

現金比率を上げるため、貯金に励むべきだと思います。

いかに「できるだけ早く1800万円を埋め切る」というのが新NISA攻略法だといっても、新NISAに投資する資金は、

「月々の収入－生活費」

の範囲内で収めるべきです。

まだ貯金自体が100万円、200万円と少ない人は、毎月の余裕資金の**半分は貯金に回し、残り半分を新NISAへの投資**に充てるなど、工夫しましょう。

新NISAへの月々の投資資金は**「月々の収入－生活費と、貯金の額によって決まってくる」**といっても過言ではありません。

特定口座の資金は新NISAに移し替え

先ほどの例では、2024年の新NISA開始以前にすでに旧NISA口座に100万円、特定口座に100万円の運用資産がありました。

２０２３年で終了する**旧ＮＩＳＡ口座の運用資産**は、投資した年から、つみたてＮＩＳＡなら20年間、一般ＮＩＳＡなら5年間、**今後も非課税運用**できます。わざわざ、非課税運用できる資産を現金化して、新ＮＩＳＡに移し替える必要はありません。

逆に、新ＮＩＳＡの生涯非課税投資枠１８００万円にプラスして非課税運用できる**貴重な投資枠**として、非課税期間終了まで運用を続けるべきです。

しかし、特定口座で運用している資金に関しては今後、利益を確定したときにその**約20％が税金**として持っていかれてしまいます。

２０２４年以降、年間３６０万円、総額１８００万円までは非課税運用できるようになるわけですから、新ＮＩＳＡの投資枠に空きがある２０２４年早々に、**いったん現金化して、新ＮＩＳＡに移し替えた**ほうが断然有利です。

つまり、右記の例でいうなら、

●旧ＮＩＳＡ口座の１００万円はそのまま非課税運用継続。

●特定口座の１００万円は売却して新ＮＩＳＡの投資資金に充てる。

そして、残り1700万円の枠を月収50万円から月の生活費30万円を引いた月20万円で埋めていくのが、新NISA攻略の最適解になります。

課税口座の資産を売却するかしないか？

ここまでの攻略法を整理すると、

●旧NISA口座にある資金は売却しない（旧NISA口座はいったん運用資産を売却すると非課税枠が消滅してしまうので、非課税期間いっぱいまで運用を続けるのがベスト）。

●利益に課税される**特定口座（もしくは一般口座）にある資金は場合によっては現金化**して新NISAに投資、

という流れになります。

課税口座にある資金を売却するかしないかは、基本的には、

●年間360万円の投資余力がある人は売却しない。

●年間360万円の投資余力がない人は売却して新NISAでの投資資金に充当、

という判断になります。

ただ、特定口座と新NISA口座でまったく同じインデックスファンドに投資しているといった場合、たとえ360万円の投資余力があったとしても特定口座の資産は売却して、非課税口座の新NISAに移し替えたほうがいいでしょう。

その場合、これまでの利益に約20％課税されたうえで**非課税運用に切り替える効果**と、**税金の支払いを繰り延べして課税口座で運用を続ける効果**を天秤にかけることになります。

その後の運用がうまくいけばいくほど、非課税の新NISA口座に移し替えたほうが有利になります。

第3章

リターンが死ぬほど変わる「頭のいい人」のファンド選定術

新NISAの具体的な投資対象

新NISAの生涯非課税投資枠1800万円を、具体的にどんな金融商品で運用していけばいいのか。

「まったくわからない。どうすればいいの？」

初心者の方からすると、〝難問〟に思えるかもしれませんが、新NISAで買うべき金融商品の正解はとても単純です。

すでに第1章、第2章でも具体例として取り上げてきたように、

●米国株価指数S&P500か、全米株式の値動きに連動した株価指数

●全世界株式の値動きを指数化した株価指数

つまり、S&P500か全世界株式に連動して値動きする**インデックスファンド**に投資するか、もしくはS&P500の代わりに米国市場に上場している、ほぼすべての米国株の値動きに連動する**全米株式インデックスファンド**を選ぶのが正解です。

ある国の株を〝丸ごと〟買うメリット

どうして、ある国（具体的には米国）やすべての国や地域（具体的には全世界）の株に〝丸ごと〟投資できるインデックスファンドが最適解なのか。

その理由は、極論をいうと100歳まで非課税投資可能な新NISAでは、**「長期、分散、つみたて」**という王道にのっとって投資すべきだからです。

「長期、分散、つみたて」は、投資初心者が難しいことを一切考えなくても、**投資や資産運用で成功しやすい基本3原則**といえます。

初心者だけでなく、実際に株式投資で大成功している中級、上級レベルの個人投資家の多くも、資産の大半をS&P500や全世界株式に連動したインデックスファンドで運用しています。当然、私もその一人です。

インデックスファンドで長期投資

新ＮＩＳＡは、数か月単位で株を買ったり売ったりする短期売買のための制度ではありません。こつこつ時間をかけて一生涯使える生涯非課税枠１８００万円を埋め切り、20年、30年単位の長期運用を続けて、複利効果で雪だるま式に資産を増やしていくのが、新ＮＩＳＡの王道の投資法といえます。

図20は、世界銀行がネット上で公開している１９６０年から２０２２年までのドル建てで見た**全世界、米国、日本の「名目ＧＤＰ（国内総生産）」**の推移です。

「ＧＤＰ」はその国が経済活動を行うことで創出した**付加価値**です。その国の経済力をダイレクトに表す指標で、物価の変動を反映した名目ＧＤＰと物価変動の影響を除いた実質ＧＤＰがあります。株価も物価変動の影響を受けるため、どちらかというと名目ＧＤＰのほうが株価に対する影響力が強いといわれています。

２０２２年の名目ＧＤＰは次のようになります。

図20　全世界・米国・日本の名目GDPの推移

1960年〜2022年のドル建て名目GDP

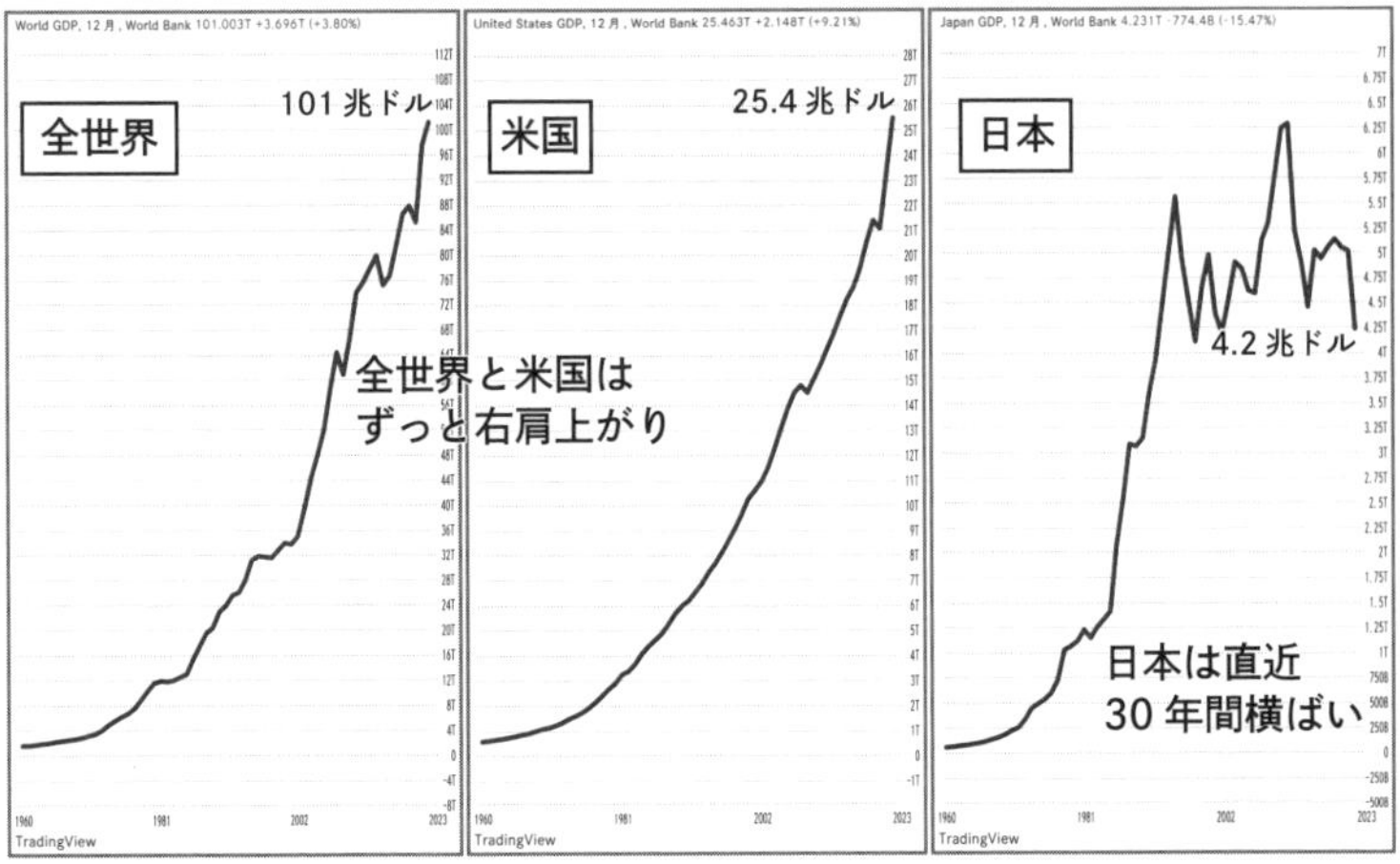

※データは世界銀行のもの

●全世界　101兆ドル
●米国　25兆4600億ドル
●日本　4兆2300億ドル

図20を見てもわかるように、**全世界や米国の名目GDPは1960年代から2022年に至るまで、ほぼずっと右肩上がりで成長**しています。

一方、少子高齢化で人口が減少し、デフレ（物価下落）に苦しんできた日本は、2022年以降、為替レートが円安に振れたこともあり、ドル建てで見た直近の名目GDPが大きく下落しています。

株価というのは、その企業が属する国や地域の経済全体が発展・成長すれば、長期的に見て右肩上がりに上昇していくものです。つまり、全世界や米国のように、ここ60年以上ずっと経済成長が続いている国の企業に〝丸ごと〟投資しておけば、1年、2年といった短期的な浮き沈みはあるものの、**数十年といった長期スパン**で見れば、今後も**株価が上昇する可能性は高い**と考えられます。

だからこそ、インデックスファンドに長期投資することが、株式投資の中でも最も安定して利益を得やすい投資法の一つだといえるのです。

インデックスファンドで分散投資

「卵は一つのかごに盛るな」という投資格言もあるように、どんなに有望と思える企業でも、たった1社に全財産を投入してしまうと、その企業の業績が悪化するだけで大きな損失を抱えてしまうリスクがあります。

異なる値動きをする多数の銘柄に幅広く分散投資すれば、極端な話、1社が倒産して株価が0円まで値下がりしても、ほかの企業の頑張りで全体として見るとリスクを抑えた投資が可能になります。

かといって、個人投資家がたった一人で、100社や1000社もの有望企業を独力で選んで、そのすべてに投資するのは情報面でも資金面でも不可能です。

そこで、ある国や地域、もしくは世界中から**優秀な企業を厳選して、パッケージ化し、〝丸ごと〟投資できるように設計**された金融商品がインデックスファンドです。

S&P500に連動するインデックスファンドなら、その1本を買うだけで、米国で超優秀とされる大型企業500社に投資できます。

「GAFAM」という略語で総称されるアップル、マイクロソフト、グーグルの親会社アルファベット、アマゾン・ドット・コム、フェイスブックの親会社メタ・プラットフォームズといった巨大IT企業も、S&P500の組み入れ銘柄です。

コカ・コーラ、マクドナルド、ジョンソン・エンド・ジョンソンなど、世界中の誰もが知っている米国の国際的な優良企業も名を連ねています。電気自動車のテスラや高速半導体のエヌビディアなど、ここ数年、飛ぶ鳥を落とす勢いで急成長している新興企業の株も入っています。S&P500に連動するインデックスファンドなら、多くのネット証券の場合、**たった100円**という少額資金から米国の超優良企業500社すべてに投資できます。

インデックスファンドにつみたて投資

新NISAの年間投資枠は**360万円**。生涯非課税投資枠の上限は**1800万円**。少なくとも5年間かけて、**つみたて投資**しないと枠をすべて埋め切れません。

わざわざ、つみたて投資をしなければならないように、新NISAが制度設計されている理由は何でしょう。もちろん、少額資金での投資を大前提にしているのも理由の一つです。さらに、高値つかみをなるべく減らし、結果的に底値でたくさん買える**「ドルコスト平均法」**の効果が発揮されることを狙った面もあると思います。

図21のケース①は、投資対象の投資信託の基準価額が最初の15年間、年率10%ずつ下落したあと、残り15年間、10%ずつ上昇した場合の300万円一括投資と、毎年10万円×30年間のつみたて投資の運用成績です。1年目に100だった投資信託の基準

図21 ドルコスト平均法の効果と運用成績

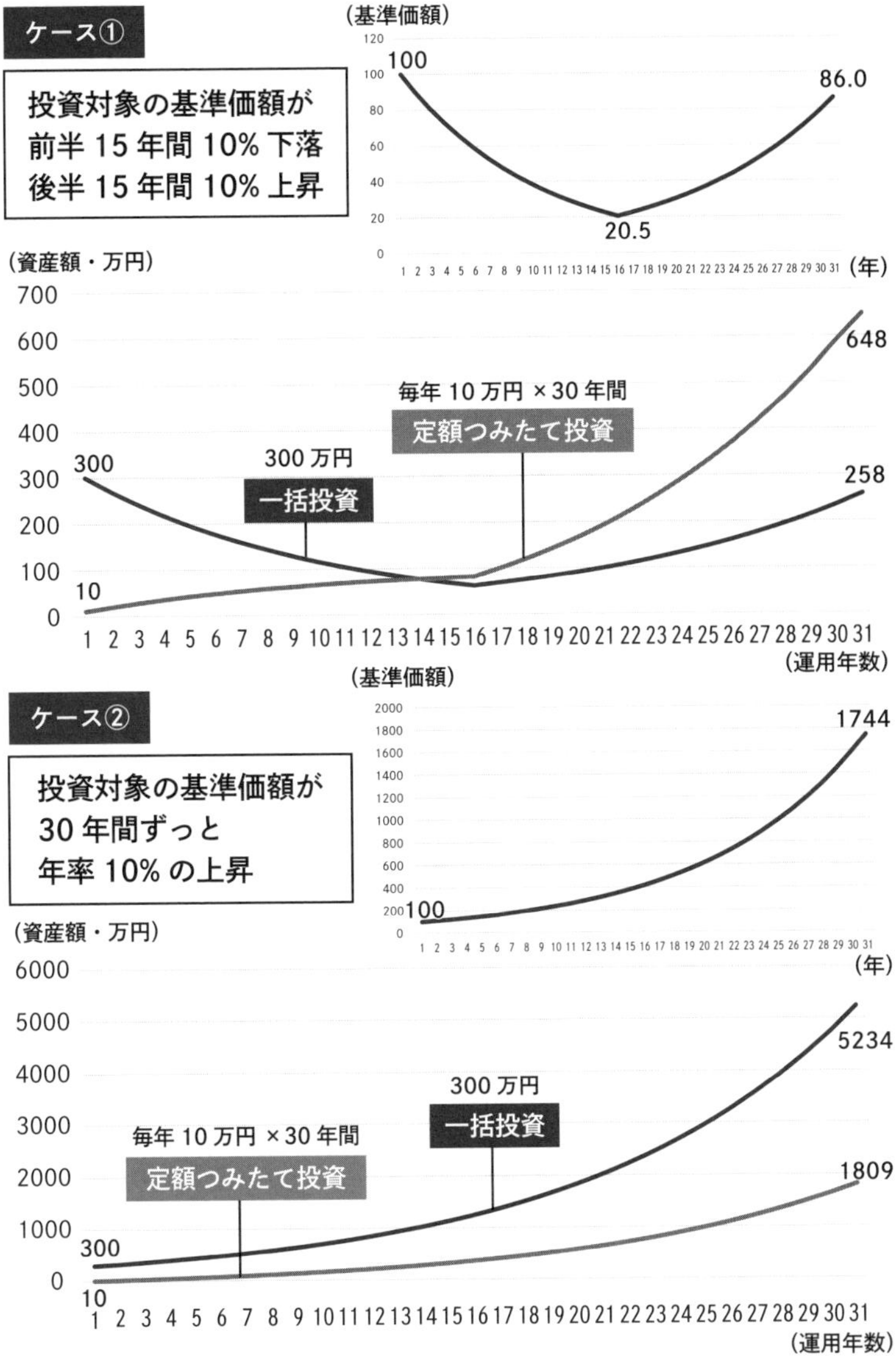
ケース①
投資対象の基準価額が
前半15年間10%下落
後半15年間10%上昇
(基準価額)
100
20.5
86.0
(年)
(資産額・万円)
300
10
300万円
一括投資
毎年10万円×30年間
定額つみたて投資
648
258
(運用年数)
ケース②
投資対象の基準価額が
30年間ずっと
年率10%の上昇
(基準価額)
100
1744
(年)
(資産額・万円)
300
10
毎年10万円×30年間
定額つみたて投資
300万円
一括投資
5234
1809
(運用年数)

価額は、16年目には20・5まで下落したものの、31年目には86まで回復しました。

一括投資の場合、運用最終年の基準価額が1年目の基準価額を下回っていると運用は失敗し、資産は投資元本を割り込んでしまいます。

一方、定額つみたて投資の場合、下落して基準価額が安くなったところでたくさんの口数をつみたて購入できるので、30年間の平均購入単価が低下。**運用の最終盤に基準価額が回復すれば**、運用成績をプラスに持っていくことができます。

むろん、前にも見たように、投資信託の基準価額が30年間ずっと、年率10％ずつ上昇していった場合、一括投資のほうがはるかに大きく増えます（図21のケース②）。S＆P500や全世界株式に連動するインデックスファンドのようにずっと右肩上がりの上昇が続く金融商品に投資するときは断然、一括投資のほうが有利です。とはいえ、定額つみたて投資でも、かなり大きな利益を上げることができます。

つまり、**「大勝ちは望めないものの、負けにくい」**のが定額つみたて投資。

だからこそ、「損失が出ても泣き寝入りするしかない」という新NISAの唯一にして最大のデメリットを克服しやすく、投資初心者でも失敗しにくいといえるのです。

S&P500の銘柄選定基準や構成銘柄

「長期、分散、つみたて」という観点から新NISAの投資対象として一番おすすめしたいのは、**「米国株価指数S&P500に連動するインデックスファンド」**です。それでは、**S&P500**とはいったい、どんな株価指数なのでしょうか。

S&P500は1957年3月4日から指数の算出が始まった米国株を代表する株価指数で、世界中の投資家が運用の指針（ベンチマーク）にしています。

現在はS&Pダウ・ジョーンズ・インデックス社が管理しており、**四半期に一回、銘柄の入れ替え**が行われます。同社が公開しているファクトシートやパンフレットによると、その特徴は2023年7月末現在、以下のようなものになります。

●米国大型株の動向を表す最良の単一尺度として広く認められている株価指数

●米国の主要産業を代表する500社で構成
●米国株式市場の時価総額の約80％をカバー
●採用銘柄はニューヨーク証券取引所やナスダック市場に上場している米国企業のみで、各採用企業の時価総額は145億ドル以上
●浮動株が発行済み株式総数の50％以上あって流動性が高い（市場で取引しやすい）
●採用時の業績が4四半期連続で黒字

2023年7月末現在の採用銘柄は503社と、500社を超えています。

構成銘柄の中で組み入れ比率が大きな銘柄の**1位はアップル、2位はマイクロソフト**。それ以下は頻繁に順位が変わりますが、2023年7月20日現在の構成比率トップ10は**図22**のようになります。

セクター別の構成比率ではアップルやマイクロソフトが属する**情報技術が28・2％**で最大。ヘルスケア13・4％、金融12・8％、さらにアマゾン・ドット・コムなども属している一般消費財・サービス10・5％などが続きます。

図22　S&P500の構成銘柄トップ10とセクター別構成比率

構成銘柄トップ 10

銘柄名	組入比率
アップル	7.54%
マイクロソフト	6.81%
アマゾン・ドット・コム	3.06%
エヌビディア	2.97%
テスラ	1.87%
アルファベット　クラス A	1.87%
メタ・プラットフォームズ	1.77%
バークシャー・ハサウェイ	1.63%
アルファベット　クラス C	1.61%
ユナイテッドヘルス・グループ	1.24%

セクター別構成比率

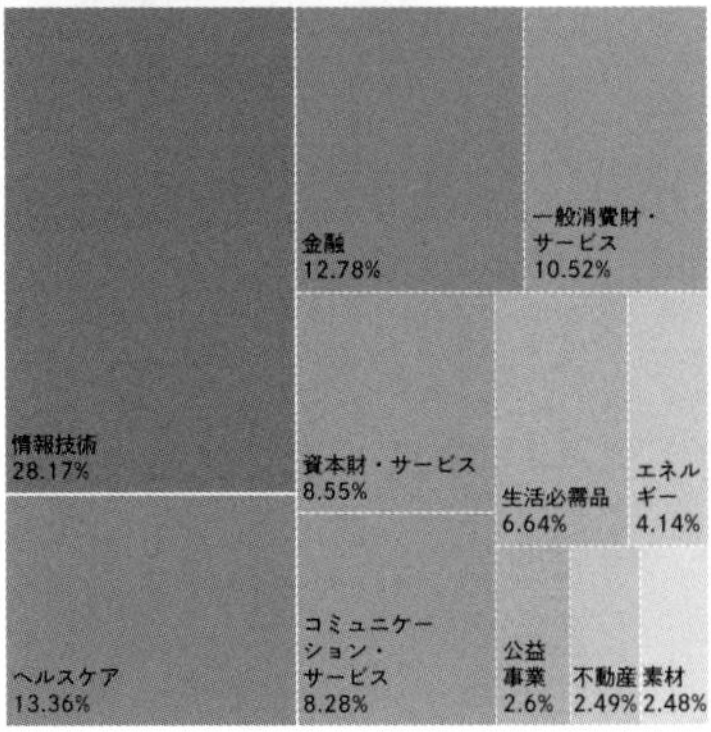

※ 2023年7月20日現在。STATE STREET GLOVAL ADVISORS SPDR ホームページ「SPDR S&P500ETF」の S&P500 に関するデータから引用

米国にはもっと歴史の古いダウ・ジョーンズ工業株30種平均（以下、「NYダウ」と略）もありますが、こちらは米国を代表する30社の**株価平均型**の指数です。

組み入れ銘柄の数が少なすぎる点や株価平均型なので株価の高い銘柄の影響を受けやすい点がデメリットです。

その点、S&P500の採用銘柄は約500社と多く、**浮動株時価総額加重型**です。

時価総額加重型の場合、単純な株価ではなく、「株価×発行済み株式数」で計算した**「時価総額（会社の規模）」**に応じて、銘柄の組み入れ比率が変化します。

単に株価が高ければよいのではなく、投資家からの評価が高い優良企業ほど指数に与える影響力が大きくなるため、株価平均型より、**市場の全体像をより正確に反映した指数**になりやすいのです。

また四半期ごとに、成長性が高く旬な企業を新規採用し、時代遅れになって業績が悪化した企業を排除する銘柄入れ替えが行われているため、株価指数自体が常にリフレッシュされて新陳代謝しています。

S&P500に関する2023年7月末現在のファクトシートによると、ここ最近の株主配当金なども含めたトータルリターン（年率換算）は、

●1年13・02%　3年13・72%　5年12・2%　10年12・66%

となっています。本書で新NISAの運用利回りの基準にしている「年率5%」をはるかに超え、**10%以上のパフォーマンス**を10年間続けていることがわかります。

S&P500連動インデックスファンド

新NISAで買える、S&P500の値動きに連動したインデックスファンドで定番中の定番といえるのは以下の二つです。

●**「eMAXIS Slim米国株式(S&P500)」**(三菱UFJアセットマネジメント)

●**「SBI・V・S&P500インデックス・ファンド」**(SBIアセットマネジメント)

なぜ、この二つが定番かというと、投資信託を保有していると**日々徴収される「信託報酬」**が非常に安いからです。信託報酬は、プロのファンドマネジャーに運用を任せる対価として、投資信託の運用会社や販売会社に支払う運用コストです。

また、多くの投資家が購入しているため、**投資信託の規模を示す「純資産総額」**も1~2兆円を超えていて、運用規模の面から見ても安心です。

インデックスファンドは基本的に株価指数にぴったり連動した運用を目指しているだけなので、運用の上手い下手で成績に差が出ることはほとんどありません。

だったら、コストが安く、多くの投資家から資金を集めているファンドのほうが、安定した運用が期待でき、運用途中で繰上償還《くりあげしょうかん》（運用を途中で中止すること）されるリスクも少なくなります。「寄らば大樹の陰」で全然、問題ないのです。

「ｅＭＡＸＩＳ Ｓｌｉｍ米国株式（Ｓ＆Ｐ５００）」

「ｅＭＡＸＩＳ Ｓｌｉｍ米国株式（Ｓ＆Ｐ５００）」（三菱ＵＦＪアセットマネジメント）の信託報酬は年率**０・０９３７２％以下**（税込、２０２３年８月現在。以下同）。１００万円を運用していても、年間で**９３７円２０銭**しか運用コストがかかりません。これは、数あるインデックスファンドの中でも最安レベルです。

投資信託の規模を示す純資産総額は、２０２３年７月末時点（以下同）で**２兆４６１０億円**に到達。これも日本の投資信託でNo.１です。

つみたてＮＩＳＡでつみたてられている投資信託の中でも人気No.１のため、毎月定額つみたての資金が大挙流入して、純資産総額が日々、膨らみ続けています。

このファンドは、三菱ＵＦＪアセットマネジメントが運用する「Ｓ＆Ｐ５００インデックスマザーファンド」を通じて、実際にS&P500に採用された米国の株式をすべて購入することで、S&P500に連動した運用を目指しています。

為替ヘッジは行っていないので、**円安になると上昇しやすく、円高になると上昇しにくく**なります。

「SBI・V・S&P500インデックス・ファンド」

SBIアセットマネジメントが運用する「SBI・V・S&P500インデックス・ファンド」の実質的な信託報酬は年率**0・0938%程度**になります。

その特徴は、運用会社が米国のS&P500採用銘柄に直接、投資しているわけでなく、米国市場に上場した**S&P500に連動する米国ETFを買い付ける**ことで、S&P500との連動を目指している点です。

具体的には、米国市場で取引されている**「バンガードS&P500ETF」**というETFを買っているだけです。同ファンドの純資産総額は**1兆5001億円**で、こちらも純資産総額がどんどん増えています。

eMAXIS SlimとSBI・V、どちらを選ぶ？

新NISAでS&P500をメインの投資対象にしたいなら、この二つのインデックスファンドのどちらかを選びましょう。

自前運用をしていて、規模も大きいので安心感が高いのは「eMAXIS Slim米国株式（S&P500）」でしょう。

個人的には「SBI・V・S&P500インデックス・ファンド」も魅力的だと思います。

同ファンドが購入している米国ETF「バンガードS&P500ETF」は純資産総額が**45・8兆円**（2023年8月現在。**為替レートは1ドル140円で計算。**以下同）に達する米国有数のETFで、テッカーコード（銘柄を識別する記号）は**「VOO」**です。その魅力は**経費率が0・03%**と、日本のインデックスファンドよりもはるかに低コストなところです。

「SBI・V・S&P500インデックス・ファンド」は、米国ETF・VOOを買っているだけ。ファンド内で運用コストがそれほどかかっているわけでもないため、信託報酬がこれ以上引き上げられる可能性は少ないようにも思えます。

結論を申し上げると、本命は「eMAXIS Slim米国株式（S&P500）」で決まり。

もし、今後、米国ETFに直接投資することも考えているなら、その代替投資対象である「SBI・V・S&P500インデックス・ファンド」も捨てがたい、といったところになるでしょうか。

ETFでもインデックス投資できる

S&P500や全米株式、全世界株式といった株価指数の値動きに連動する金融商品には、インデックスファンド（投資信託）のほかに、

●国内ETF

もあります。

ETFは、株式市場に上場した投資信託のこと。

株価指数に連動する投資信託もETFも、株価指数の値動きとぴったり合致するような運用を行っている点では変わりありません。

S&P500に連動した国内ETFとしては、

●「iシェアーズS&P500米国株ETF」（株価コード1655　ブラックロック　信託報酬0・077%程度　純資産総額558億円）

●「MAXIS米国株式（S&P500）上場投信」（2558　三菱UFJアセットマネジメント　信託報酬0・077%　純資産総額388億円）

の二つが有名です。

●米国ETF

一方、米国市場に上場するS&P500連動ETFとしては以下の3つが代表的。

●「バンガードS&P500ETF」（VOO　バンガード　経費率0・03%　純

資産総額45・8兆円）

●**「SPDR（スパイダー）S&P500ETFトラスト」**（SPY、ステート・ストリートGA　経費率0・09％　純資産総額56・5兆円）

●**「iシェアーズ・コアS&P500ETF」**（IVV　ブラックロック　経費率0・03％　純資産総額48・2兆円）

米国ETFは3つとも純資産総額が40兆〜50兆円と、日本のインデックスファンドやETFに比べて圧倒的に大きいことがわかりますね。

S&P500に連動する米国ETFは、世界中の投資家から巨額の資金を集めている、というわけです。

3つの中では、SPYが運用歴は長く、純資産総額も大きいですが、経費率が0・09％と高いので見劣りします。経費率の安さで考えるなら、**激安の0・03％**で並ぶ**VOOかIVV**がおすすめです。

投資信託とETFの違いは？

では、インデックスファンド（投資信託）とETF（上場投資信託）にはどんな違いがあるのでしょうか。それをまとめたのが図23です。

●インデックスファンド（投資信託）の特徴

1　投資信託の口数だけでなく、金額を指定して、その金額に相当する口数だけを購入できます。ネット証券なら、毎月決まった日に1万円ずつ購入というように**自動つみたて**もできるので、新NISAの毎月定額つみたて投資に最適。ネット証券では特定のクレカ決済で投資すると、**ポイントが還元されるサービス**もあります。

2　**分配金をファンド内で再投資**（運用している銘柄の株主配当金などが原資の分配金で、再び対象となる株価指数を買い付ける）する**「分配金再投資型」が圧倒的に多く、複利効果で資産を長期的に大きく増やせます**。

── 図23　インデックスファンド（投資信託）とETFの違い ──

	インデックスファンド（投資信託）	ETF（上場投資信託）
毎月定額つみたて	100円から自動でできる	できない ※米国ETFの場合、毎月一定金額以内の自動つみたてサービスあり
分配金	分配金が自動で再投資されるものがほとんど	分配金が必ず支払われる ※複利運用を目指す場合、自分で分配金を再投資する手間がかかる
売買手数料	新NISAで購入できるものを含め無料がほとんど	売買手数料がかかる。米国ETFでは為替手数料も ※売買手数料無料のサービスはある
運用コスト	信託報酬が0.1%前後で安い	信託報酬がインデックスファンド以上に安い
購入にかかる時間	外貨建てファンドは申込日から2営業日後の購入	株式市場でリアルタイムに購入可能
税金	新NISAは非課税 課税口座は20.315%	インデックスファンドと同じ ※ただし米国ETFの分配金は日米二重課税（税率約28%）に。払いすぎた税金を取り戻すには確定申告が必要
銘柄数	海外の株価指数に連動するインデックスファンドも多数ある	米国ETFはインデックスファンドより種類が豊富で規模も大きい
購入場所	証券会社や銀行など	証券会社

3　S&P500や全世界株式などドル建ての金融商品にも**日本円で投資**できます。インデックスファンドもETFも原則、**為替ヘッジなし**の運用です。

4　市場でリアルタイムの取引が行われているわけではないので、買いたいときにすぐ買うことはできません。海外の金融商品に投資する投資信託の場合、購入申込をした日から**2営業日目の朝**に提示された基準価額での購入になります。

ETFは国内と米国の2タイプ

●ETFの特徴

1　ETFは市場で買える最低購入口数（整数）が決まっているため、投資信託のように金額指定で買うのが難しく、**毎月定額自動つみたてには不向き**です。ただし、米国ETFに関してはSBI証券、楽天証券、マネックス証券などで一定金額以内で買い付け可能な口数を自動的に購入できる自動つみたてサービスが提供されています。

2 インデックスファンド以上に**信託報酬が低コスト**なのは大きな魅力です。特に米国ＥＴＦなら年間の経費率が０・０３％と非常に低いものもあります。数十年に及ぶ長期投資の場合、０・０数％という少数点2ケタの差も無視できません。

3 **投資信託との最大の違いは、ＥＴＦでは必ず分配金が支払われる**こと。分配金も自動的に再投資に回して、複利効果を最大限発揮して資産形成を目指したいなら、分配金再投資型インデックスファンドを選ぶべきです。一方、運用資産自体を取り崩すことなく、**分配金を生活費の足しにしたい人**にとってはＥＴＦのほうが便利です。

4 支払われる分配金は、海外で一度、課税されたうえに、日本でも20・315％の税金が引かれる**二重課税**になります。国内ＥＴＦの場合は、日本で支払う税金20・315％の分だけが課税されるように、ＥＴＦの内部で**税金を自動調整**してくれます。

一方、米国ETFの場合、二重課税で払いすぎた税金を取り戻すには、**自ら確定申告**をして、**「外国税額控除」**を申請する必要があります。

5 購入の際に現物株と同様に**売買手数料**がかかります。ただし、ネット証券なら1日100万円まで売買手数料0円といった「1日定額コース」を利用すると0円で済ますことも可能です。米国ETFに関しても、ネット証券各社でS&P500や全世界株式に連動する主要な米国ETFの売買手数料を0円に設定しているので、買い付け手数料がかからないものもあります。ただし、米国ETFの場合、日本円を米ドルに両替して、ドル建てで購入する必要があるので、**為替手数料**がかかります。

3つのどれを選ぶ？

では、投資信託、国内ETF、米国ETFという3つのうち、どれを選んだほうがいいのでしょうか。YES・NO形式で、ニーズに合ったものを選ぶなら、

1　分配金が必要か？　YESならETF、NOなら投資信託

2　毎月定額の自動つみたてをしたいか？　YESなら投資信託、NOならETF

3　確定申告をしたくないか？　YESなら国内ETF、NOなら米国ETF

という順で選ぶことになります。

新NISA口座で投資する場合の〝結論〟をいってしまうと、

●資産形成期はインデックスファンド

●分配金を生活費などに充てたい時期は円建てで分配金が出る国内ETF

が最適でしょう。

課税口座の場合は、経費率のことを考えると、国内ETFや投資信託より**米国ETFのほうが長期的に見て有利**と考えることもできます。

ただし、新NISA口座で、こつこつ毎月定額つみたて投資を続けて、1800万円の枠を埋め尽くす資産形成の時期は、**インデックスファンドが圧倒的に便利**。なぜなら、金額を指定した毎月自動つみたての設定が非常に簡単にできて、分配金を自動的に再投資に回してくれるからです。

全米株式ファンドも人気

世界最強の経済力を誇る米国経済の成長源になってきたのは、世界をあっといわせるような新技術やサービスを開発して急成長を遂げてきた**IT系の新興企業**です。

大企業主体のS&P500にまだ組み込まれていない有望な新興企業にも幅広く投資して、**米国株すべての成長**から利益を得たいという人は、全米株式に連動するインデックスファンドやETFも有望な投資対象になるでしょう。

こうした全米株式に連動するインデックスファンドは、米国市場に上場する、ほぼすべての企業**約4000社**を組み入れた**「CRSP（クリスプ）USトータル・マーケット・インデックス」**という株価指数に連動しています。

たとえば、今や世界中の企業の時価総額トップ10入りを果たした電気自動車のテスラがS&P500に採用されたのは2020年12月。

それ以前からテスラの株は急上昇していましたが、その急上昇はCRSPには反映されていても、S&P500には反映されていませんでした。

全米株式に連動するインデックスファンドとしては、

●**「SBI・V・全米株式インデックス・ファンド」**（SBIアセットマネジメント　信託報酬0・0938%程度　純資産総額1758億円）

●**「楽天・全米株式インデックス・ファンド」**（楽天投信投資顧問　信託報酬0・162%程度　純資産総額1兆551億円）

の二つが定番です。

「楽天・全米株式インデックス・ファンド」は設定日が2017年9月と古く、インデックス型の投資信託を使ったつみたて投資の普及に大貢献してきました。そのため、資産総額が1兆円を超える大型ファンドになっています。ただし、信託報酬が**0・162%程度と少し高い**ため、どちらかというと信託報酬が**0・0938%程度**と安い「SBI・V・全米株式インデックス・ファンド」がおすすめかもしれません。

この二つのインデックスファンドは、ともに先ほど紹介した全米株式の株価指数「CRSP USトータル・マーケット・インデックス」に連動した**米国ETF「バンガード・トータル・ストック・マーケットETF」（VTI）**　バンガード　経費率0・03％　純資産総額43・3兆円）を買い付けることで、全米株式に連動する運用成績を目指す運用スタイルの面で、まったく違いがないからです。

全米株式に連動した米国ETF

全米株式に連動した国内ETFは2023年8月現在ありません。最近は国内ETFでも多数のインデックスに連動した値動きをする銘柄が登場しているので、そのうち発売されるかもしれません。

全米株式インデックスファンドの〝本場〟というか〝本家本元〟といえるのが、**米国ETF**です。米国ETFで全米株式全体に投資したいなら、**「バンガード・トータル・ストック・マーケットETF」（VTI）で決まり**です。

図24　S&P500と全米株式のETF比較チャート

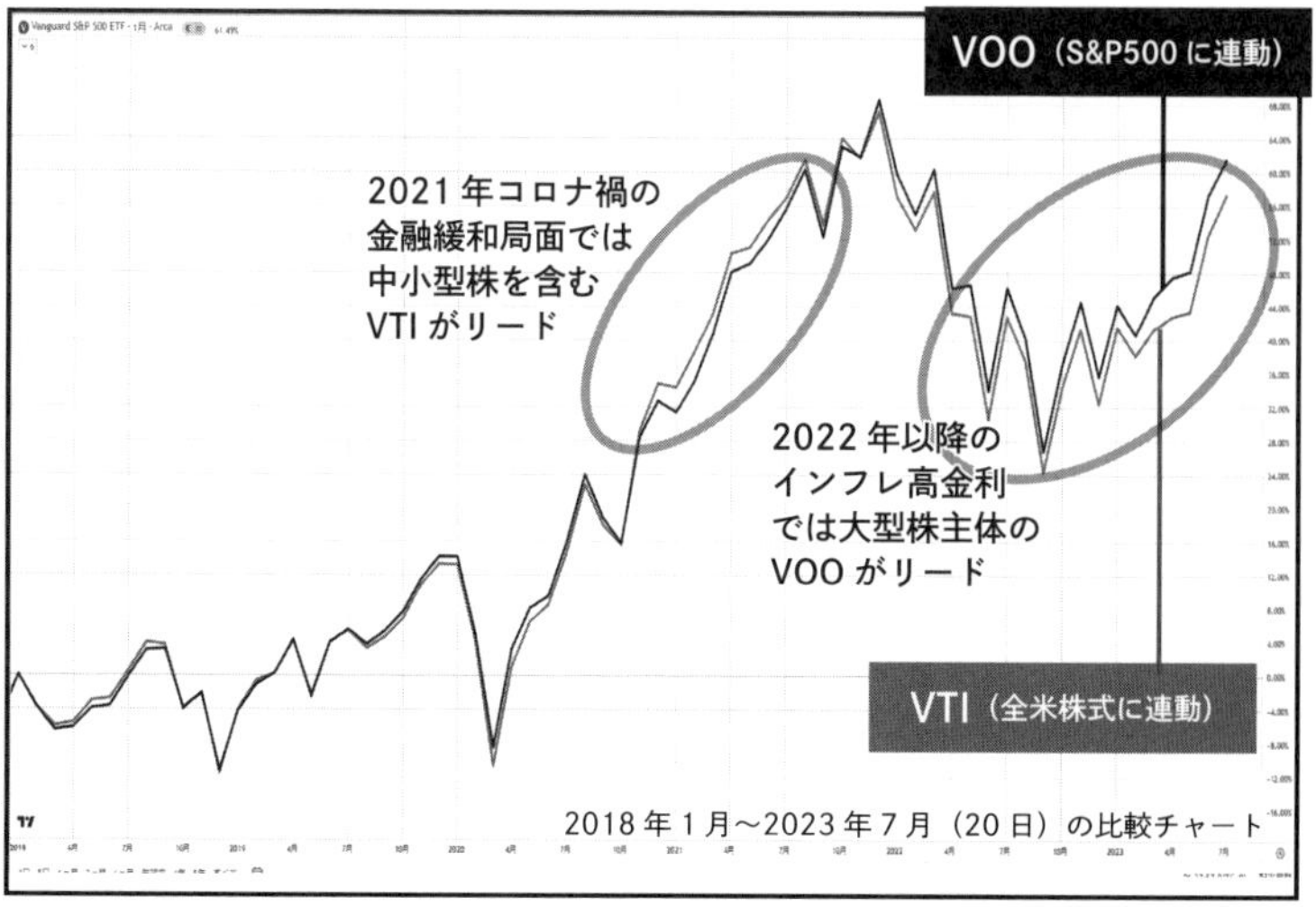
VOO（S&P500に連動）
2021年コロナ禍の
金融緩和局面では
中小型株を含む
VTIがリード
2022年以降の
インフレ高金利
では大型株主体の
VOOがリード
VTI（全米株式に連動）
2018年1月〜2023年7月（20日）の比較チャート

では、米国ETFでS&P500に連動するVOOと、全米株式に連動するVTIのパフォーマンスには、どれぐらいの違いがあるのでしょう。

図24は、2018年年初を100としたときの値動きの比較チャートです。

期間を拡大してみても、はっきりいって、値動きにほとんど違いはありません。

2020年後半から2021年半ばまでのように、コロナショックの巣ごもり需要のおかげで、ITやバイオ関連の新興企業の株価が大きく上昇したときはVTIのパフォーマンスが少しよくなります。

一方、インフレと高金利で世界的な株安

が続いた2022年の**下げ相場**以降は、経営基盤の安定した大型株よりも、**経営体力がない中小型株が売られやすい相場環境になった**ため、大型株主体のS&P500に連動するVOOのパフォーマンスが勝っています。

●米国を代表する**優良企業500社に投資先を絞りたい**ならS&P500。

●米国でこれからも多彩なイノベーション（技術革新）が起こって、**中小型の新興成長企業の株価がどんどん上がる**と考えるなら全米株式、

という判断基準で、どちらにするか決めましょう。

全世界株式なら国すら選ぶ必要なし

米国のみならず、日本やヨーロッパ諸国、カナダ、オーストラリアといった**先進国**、中国やインド、ブラジルといった**新興国**など、全世界の株式市場に上場する企業に投資して、全世界株式に連動した運用を目指すのが**全世界株式インデックスファンド**です。

S&P500や全米株式のように**米国一極集中ではなく**、全世界の株式に幅広く投資できるのが特徴です。そのメリットは以下のような点になります。

●運用期間中に**米国経済が失速・衰退**しても、代わりに**ほかの国・地域の経済が台頭・隆盛**すればその勢いに乗れる。

●どの国が強くなっても**自動的にその国への投資比率が高くなる**ので、**投資する国すら選ぶ必要がなく**、ほったらかしで運用可能。また、時価総額が大きくて、投資家の評価が高い「今、最も素晴らしい企業」の組み入れ比率が高くなる**時価総額加重型**のため、銘柄を選ぶ必要もない（これはS&P500や全米株式に連動するインデックスファンドでも同じ）。

●世界経済は**技術革新、人口増加、適度のインフレ**で、今後も順調に右肩上がりで成長・発展する可能性が高いので、長期的に安定したリターンが得られる可能性が高い。

全世界株式をカバーする株価指数

全世界株式の値動きを示す株価指数としては、

●米国のモルガン・スタンレー・キャピタル・インターナショナル（ＭＳＣＩ）が運営する**「ＭＳＣＩ ＡＣＷＩ：アクウィ）」**

●英国のＦＴＳＥ（フッチー）インターナショナルが運営する**「ＦＴＳＥグローバル・オールキャップ・インデックス」**

の二つがあります。

「ＭＳＣＩオール・カントリー・ワールド・インデックス（ＡＣＷＩ）」は、２０２３年７月現在、**先進国23、新興国24の合計47か国・地域**の株式市場から、時価総額が大きな大型株や中型株を組み入れて指数を算出しています。組み入れられた企業の数は**２９３４社**です。対象となる株式市場の時価総額全体の**約85％をカバー**しています。

「ＦＴＳＥグローバル・オールキャップ・インデックス」は**先進国25、新興国24の合計49か国・地域**で構成されています。それらの国々の投資可能な上場企業の時価総額の**約98％**に投資しており、**９４８５社**が組み入れられています。

組み入れ銘柄が少ない**ＡＣＷＩは中型・大型株中心**の株式指数。

一方、上場企業の約98％をカバーしている**ＦＴＳＥは小型株も含めた株価指数**というのが違いといえるでしょう。２０２２年2月のロシアによるウクライナ侵攻以降は、両方の指数からロシア株が除外されています。

とりあえず、全世界株式指数といっても二つあるんだ、ということを頭の片隅に入れておいてください。というのも、新ＮＩＳＡで購入できる全世界株式に連動したインデックスファンドにはＡＣＷＩに連動しているもの、ＦＴＳＥに連動しているものの2タイプがあるからです。

おすすめ全世界株式インデックスファンド

新ＮＩＳＡで全世界株式に毎月定額の自動つみたて投資がしたいなら、低コストで純資産総額が大きい次の二つのインデックスファンドが定番です。

●「ｅＭＡＸＩＳ Ｓｌｉｍ全世界株式（オール・カントリー）」（三菱ＵＦＪアセットマネジメント　信託報酬０・０５７７５％　純資産総額１兆３３６３億円）

同ファンドは他の全世界株式ファンドの格安な信託報酬に対抗して、２０２３年９月８日から信託報酬を、これまでの半額に近い**０・０５７７５％という究極の最安水準に引き下げ**ました。びっくりです！

●「ＳＢＩ・Ｖ・全世界株式インデックス・ファンド」（ＳＢＩアセットマネジメント　信託報酬０・１３３８％程度　純資産総額１２９９億円）

この二つのファンドは、連動を目指している株価指数が違います。

「ｅＭＡＸＩＳ」はＭＳＣＩのＡＣＷＩに連動した運用を目指しています。

一方、「ＳＢＩ・Ｖ」はＦＴＳＥのインデックスに連動した運用を目指しています。そして、ほかの「ＳＢＩ・Ｖ」シリーズと同様に、米国ＥＴＦを単純に買い付けるだけの運用を行っています。

二つのファンドの国別組み入れ比率や構成銘柄トップ10は、ほとんど変わりません（次ページの図25）。どちらを選ぶかは好みの問題といえるでしょう。

全世界株式に連動したＥＴＦは？

全世界株式に連動した国内ＥＴＦとしては、

●**「ＭＡＸＩＳ全世界株式（オール・カントリー）上場投信」**（２５５９　三菱ＵＦＪ国際投信　信託報酬０・０８５８％　純資産総額２８０億円）

があります。ほかにもありますが、信託報酬の安さや「ＭＡＸＩＳ」ブランドの安心感からいって、これ一択でしょう。

米国ＥＴＦでは、

― 図25　全世界株式ファンドの国別比率と組み入れ上位企業10 ―

「eMAXIS Slim 全世界株式（オール・カントリー）」
（三菱 UFJ アセットマネジメント）

※MSCI オール・カントリー・ワールド・インデックス（ACWI）に連動

国別比率

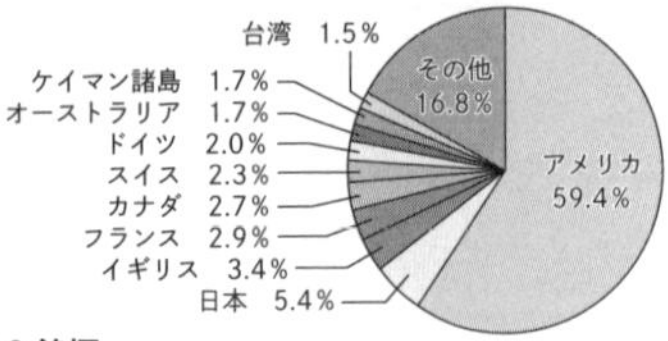

組み入れ上位 10 銘柄

	銘柄名	国・地域	業種	比率
1	アップル	アメリカ	情報技術	4.6%
2	マイクロソフト	アメリカ	情報技術	3.6%
3	アマゾン・ドット・コム	アメリカ	一般消費財・サービス	1.8%
4	エヌビディア	アメリカ	情報技術	1.5%
5	テスラ	アメリカ	一般消費財・サービス	1.1%
6	アルファベット　クラス A	アメリカ	コミュニケーション・サービス	1.1%
7	アルファベット　クラス C	アメリカ	コミュニケーション・サービス	1.0%
8	メタ・プラットフォームズ	アメリカ	コミュニケーション・サービス	0.9%
9	台湾積体電路製造［TSMC］	台湾	情報技術	0.7%
10	ユナイテッドヘルス・グループ	アメリカ	ヘルスケア	0.7%

「SBI・V・全世界株式インデックス・ファンド」
（SBI アセットマネジメント）

※FTSE グローバル・オール・キャップインデックスに連動

国別比率

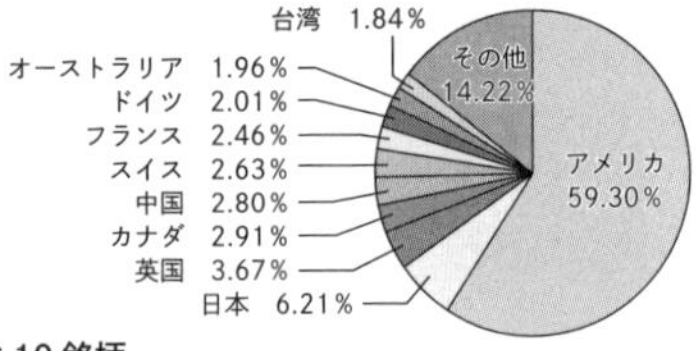

組み入れ上位 10 銘柄

	銘柄名	国・地域	業種	比率
1	アップル	米国	情報技術	4.08%
2	マイクロソフト	米国	情報技術	3.57%
3	アルファベット	米国	コミュニケーション・サービス	1.89%
4	アマゾン・ドット・コム	米国	一般消費財・サービス	1.62%
5	エヌビディア	米国	情報技術	1.40%
6	テスラ	米国	一般消費財・サービス	0.95%
7	メタ・プラットフォームズ	米国	コミュニケーション・サービス	0.89%
8	バークシャー・ハサウェイ	米国	金融	0.87%
9	ユナイテッドヘルス・グループ	米国	ヘルスケア	0.63%
10	台湾積体電路製造［TSMC］	台湾	情報技術	0.63%

※ともに 2023 年 6 月末現在の「月次レポート」から引用

●「バンガード・トータル・ワールド・ストックETF」(VT　バンガード　経費率0・07％　純資産総額3・9兆円)
●「iシェアーズMSCI　ACWI　ETF」(ACWI　ブラックロック　経費率0・32％　純資産総額2・4兆円)

の二つがあります。VTが連動しているのはFTSEの株価指数、ACWIが連動しているのはMSCIの株価指数ACWIです。

定番インデックスファンドはこれ！

S&P500、全米株式、全世界株式に連動しているインデックスファンドやETFの代表的なものを紹介してきました。

次ページの**図26**は、S&P500と全世界株式に連動した米国ETFの、2011年を100とした長期的なパフォーマンスの比較チャートです。

2011年から2023年7月3日までの**約12年半**で、S&P500に連動した**V**

― 図26　S&P500と全世界株式の米国ETF比較チャート ―

ＯＯは２５５・35％、つまり３・５倍以上の上昇。全世界株式に連動した**ＶＴは１０６・２％、約２倍の上昇**と、パフォーマンス的には**Ｓ＆Ｐ５００が全世界株式を圧倒**しています。過去10数年の実績を見ると、やはりＳ＆Ｐ５００を選びたくなるのが〝人情〟といったところでしょうか。

　ＳＮＳなどでは、「こっちの信託報酬が０・０１％安い」といったコスト面から見て、どのインデックスファンドやＥＴＦがいいか、細かい議論も行われているようです。しかし、投資対象になっているのは、１日１～２％も値動きするのが日常茶飯事の株価指数です。０・０何％といった少数点2ケタの信託報酬の差は確かに長期的に見ると大きいですが、それ以上に大切なのは株価指数自体の価格変動です。

また、同じ株価指数に連動していれば、どのインデックスファンドやETFを購入しても基本的に値動きに差はありません。

ファンドの規模や運用の上手い下手によっては、**「トラッキングエラー」**（対象となるインデックスの値動きに対する運用誤差やかい離率のこと）が生じることもありますが、微々たるもので誤差の範囲といっていいでしょう。

結局、**運用コスト＝信託報酬や経費率が安くて、純資産総額がそれなりにあるもの**に投資すればいいだけ。

次ページの**図27**は、S＆P500、全米株式、全世界株式を投資対象にしたインデックスファンドや国内・米国ETFでおすすめしたい銘柄の一覧になります。

新NISAでつみたてる投資対象は、このインデックスファンド・ETFカタログの中から選んでください！　それが**正解**だと思います。

図27　インデックスファンド・ETFカタログ

S＆P500
インデックスファンド

「eMAXIS Slim米国株式（S＆P500）」
（三菱UFJアセットマネジメント　信託報酬0.09372%　純資産総額2兆4610億円）

「SBI・V・S＆P500インデックス・ファンド」
（SBIアセットマネジメント　信託報酬0.0938%程度　純資産総額1兆501億円）

国内ETF
「iシェアーズS＆P500米国株ETF」（1655）
「MAXIS米国株式（S＆P500）上場投信」（2558）

米国ETF
「バンガードS＆P500ETF」（VOO）
「SPDR　S＆P500ETFトラスト」（SPY）
「iシェアーズ・コアS＆P500ETF」（IVV）

全米株式
インデックスファンド

「SBI・V・全米株式インデックス・ファンド」
（SBIアセットマネジメント　信託報酬0.0938%程度　純資産総額1758億円）

「楽天・全米株式インデックス・ファンド」
（楽天投信投資顧問　信託報酬0.162%　純資産総額1兆551億円）

米国ETF
「バンガード・トータル・ストック・マーケットETF」（VTI）

全世界株式
インデックスファンド

「eMAXIS Slim全世界株式（オール・カントリー）」
（三菱UFJアセットマネジメント　信託報酬0.05775%　純資産残高1兆3363億円）

「SBI・V・全世界株式インデックス・ファンド」
（SBIアセットマネジメント　信託報酬0.1338%程度　純資産残高1299億円）

国内ETF
「MAXIS全世界株式（オール・カントリー）上場投信」（2559）

米国ETF
「バンガード・トータル・ワールド・ストックETF」（VT）
「iシェアーズMSCI　ACWI　ETF」（ACWI）

第4章

「米国株 vs 全世界株」不毛なマウント合戦の“最終結論”

米国株と全世界株式、どちらが正解？

第3章では、新NISA運用の基本的なターゲットになるS&P500、全米株式、全世界株式に連動したインデックスファンド・ETFの定番商品を紹介しました。

では、そもそも、米国株と全世界株式のどちらに投資したほうがいいのでしょう。

「**米国は政治、経済、軍事、技術革新の面で世界最強。**今後も**10年、20年はその地位は揺るがない**から米国株一本でいい」

という意見もあれば、

「全世界株式に投資していれば、**国すら選ばなくていい**。今後、**米国が凋落**して、ほかの国が世界覇権を握る可能性も考えると**全世界株式のほうが無難**」

という意見もあります。

SNS上では、S&P500派とオルカン（「オール・カントリー」の略で、全世界株式のことを指す）派に分かれて、どちらが優れているか、どちらが資産運用により成功しやすいか、喧々囂々《けんけんごうごう》の議論が繰り広げられています。

私の結論はというと、

「正直、**どちらも正解**だと思います！」

というものになります。

米国株を選ぶ理由は？

全世界株式ではなく、米国株を選ぶ理由は単純に、**過去の実績から見ると米国株のリターンのほうが高い**ことが最大の要因になります。

２０２３年で終了するつみたてＮＩＳＡでは、インデックスファンドへの毎月定額つみたて投資が大流行していて、主要なインデックスファンドの純資産総額はぞくぞくと１兆円の大台を突破しています。

２０２３年７月末現在、純資産総額の多い順に並べると、

1位　「eMAXIS Slim米国株式（S&P500）」2兆4610億円

2位　「eMAXIS Slim全世界株式（オール・カントリー）」1兆3363億円
3位　「楽天・全米株式インデックス・ファンド」1兆551億円
4位　「SBI・V・S&P500インデックス・ファンド」1兆501億円

となっています。

「eMAXIS Slim全世界株式（オール・カントリー）」が2位に食い込んでいますが、そのほかの1兆円超えファンドはいずれも米国株に連動しています。

純資産総額の状況からも、2018年に始まったつみたてNISA経由で、多くの個人投資家の資金が米国株インデックスファンドに流れ込んでいることがわかります。

米国株式を選ぶ理由は、

①米国通貨ドルが世界の基軸通貨だから。
②米国企業の多くは全世界で稼いでいるから。
③米国株に投資するほうが全世界株式に投資するよりパフォーマンスが高い。
④米国株に連動するインデックスファンドのほうが一般的に低コスト。

⑤米国株を選択する投資家のほうが多い、

といった点になります。

米国株と世界株、リスクに大差なし

金融商品を評価する際は、その金融商品が**「どれぐらいのリスクをとって、どれぐらいのリターンを得ているか」**を比べるのが一般的です。

リスクはその金融商品がどれぐらい変動するか、価格（値動き）のバラツキ具合から統計学で使う**「標準偏差」**を計算して判断します。標準偏差の値が大きいほど、一般的に**価格変動率（ボラティリティ）が大きく、リスクが高い**と考えられています。

一方、リターンはその金融商品の年平均の分配金込みのトータルリターンで判断するのが一般的です。

次ページの**図28**は、ある資産運用会社が1998年1月末から2022年3月末までのS&P500とMSCIワールド・インデックス・オール・カントリー（ともに

図28　S&P500と全世界株式のリスクとリターン

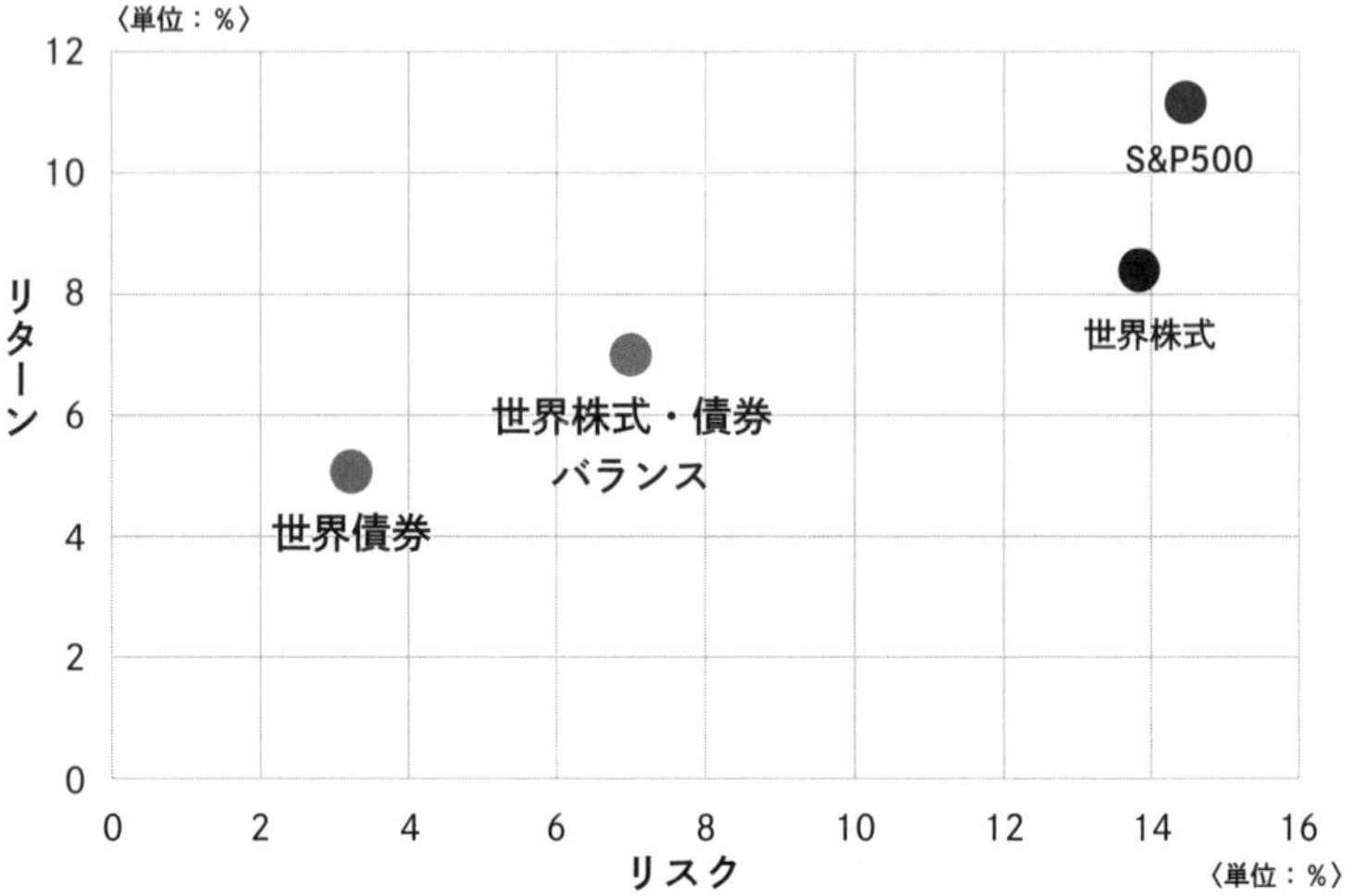

※楽天証券金融メディア・トウシル記事「ファンド選び応援セミナーをまるごと再現【5】」より引用。データはラッセル・インベストメント作成

配当込み・米ドルベース）に、世界債券や世界株式・債券のバランス型指数を加えて、リターンとリスクの位置関係をグラフ化したものです。

世界債券や世界株式・債券のバランス型指数の位置を見てもわかるように、**リスクが低い金融商品はリターンもそれほど高くない**のが資産運用の〝常識〟です。

一方、Ｓ＆Ｐ５００の位置を見てもわかるように、**リターンが高い金融商品はリスクも高く**なります。

しかし、Ｓ＆Ｐ５００と世界株式のリターンとリスクを比べてみると、Ｓ＆Ｐ５００のほうが世界株式より縦軸の**リターンが**

2%以上高いにもかかわらず、S&P500と世界株式のリスク（横軸）には**1%以下の差**しかありません。

1998年1月末〜2022年3月末の24年2か月という期間中、S&P500と世界株式はほぼ同じリスクでありながら、S&P500のほうが世界株式よりかなり高い、**年率10%超のリターン**を叩き出してきたということです。

この過去の実績が、全世界株式より、S&P500など米国株に投資したほうが、将来もいい結果を残せるのではないかという根強い期待感につながっています。

運用効率を示す「シャープレシオ」

金融商品を評価するときは、リターンとリスクの比率を指標化した**「シャープレシオ」**という数字も注目されます。これは、同じリスクをとったときに、それぞれ、どれぐらいのリターンが得られるかを倍率で示したもので、異なるタイプの金融商品に投資するとき、もし仮に**同じリスクならどっちのリターンが高いかがわかる指標**です。

図29 S&P500と全世界株式の直近3年の運用成績

「eMAXIS Slim 米国株式（S&P500）」（三菱UFJアセットマネジメント）

パフォーマンス	6か月	1年	3年	5年
リターン（年率）	48.21	19.87	23.34	16.15
リターン（期間）	21.74	19.87	87.64	111.43
シャープレシオ（SR）	2.41	1.13	1.26	0.81

「eMAXIS Slim 全世界株式（オール・カントリー）」（三菱UFJアセットマネジメント）

パフォーマンス	6か月	1年	3年	5年
リターン（年率）	40.18	19.59	19.97	---
リターン（期間）	18.40	19.59	72.69	---
シャープレシオ（SR）	2.33	1.21	1.18	---

※2023年7月14日現在。データは楽天証券の投資信託情報ページより引用

●「（金融商品に投資した場合のリターン）ー（無リスク資産＝短期国債などに投資した場合のリターン）」÷その金融商品のリターンの変動率（標準偏差＝リスク）で計算します。

S&P500と全世界株式の定番インデックスファンドの期間6か月〜3年の年率リターンとシャープレシオを比べてみると、**図29**のようになります（2023年7月14日現在）。

全世界株式のデータが3年目までしかありませんが、ここ1年間のシャープレシオを除き、いずれの時期もリターン、シャープレシオともに**S&P500が上回ってい**

ます。

２０２１年12月末～２０２２年12月末の1年間、インフレと高金利の逆風を受け、ドル建てで見たＳ＆Ｐ５００は**19・4％も下落**しました。にもかかわらず、円安の進行で、円建ての「ｅＭＡＸＩＳ Ｓｌｉｍ 米国株式（Ｓ＆Ｐ５００）」のリターンはすべての期間でプラスを維持し、全世界株式のリターンを上回っています。

また、ここ3年間のシャープレシオもＳ＆Ｐ５００が**1・26**、全世界株式が**1・18**と、Ｓ＆Ｐ５００のほうが優秀です。

より長期の運用成績を見るため、ネット上のポートフォリオ分析ツール「Portfolio Visualizer（ポートフォリオ・ビジュアライザー）」を使って、２００９年から２０２３年7月19日までの米国ＥＴＦ「ＳＰＤＲ Ｓ＆Ｐ５００ＥＴＦトラスト」（**SPY**）と「バンガード・トータル・ワールド・ストックＥＴＦ」（**VT**）のパフォーマンスを比べてみたのが、次ページの**図30**です。

２００９年1月に1万ドルを投資した場合、２０２３年7月19日までの約14年半で、ＳＰＹは資産が**6・4万ドル**に増加。ＶＴの**4万ドル**をはるかに上回っています。

— 図30　米国ETF・SPYとVTの2009年からの運用成績比較 —

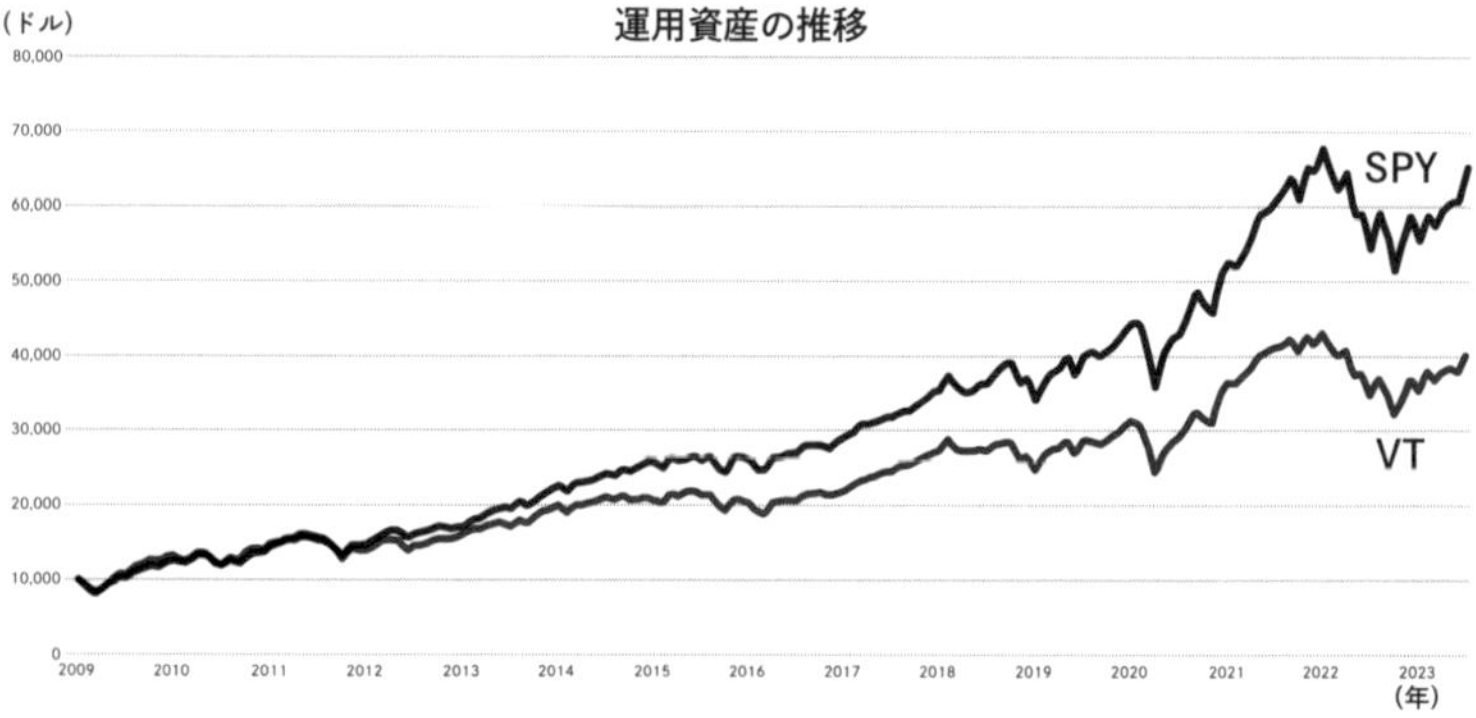

運用成績の詳細

	投資元本	運用評価額	年間平均リターン	標準偏差	最大ドローダウン	シャープレシオ
SPY	$10000	$64937	13.77%	15.32%	－23.93%	0.88
VT	$10000	$40381	10.10%	16.29%	－25.52%	0.63

※2009年1月〜2023年7月19日までのパフォーマンスを「Portfolio Visualizer」で比較

年間の平均リターンもSPYが**13・77％**に対して、VTは**10・1％**。S&P500のリターンが3％ほど上回っています。

その一方で、標準偏差＝リスクはSPYが**15・32％**に対して、全世界株式は**16・29％**。リスク（平均的な価格変動率）は全世界株式のほうが高くなっています。

この運用実績を見ると、「S&P500に投資したほうが、今後もいい結果が残せそう」と結論を下すのが自然だと思います。私も**S&P500の優位性**は否定しません。

あえて全世界株式を選ぶ理由

むろん、S&P500が全世界株式よりも成績がよかったのはあくまで過去の話。今後もS&P500が世界最強の株価指数であり続ける保証はありません。

新NISAは20年、30年どころか、100歳まで一生涯、非課税運用を続けるための投資制度です。超長期的な視点で見たら、今後、アメリカに代わって巨大な人口を抱える**インドや中国といった新興国**が世界経済の頂点に立っているかもしれません。

S&P500ではなく、全世界株式を選んでおけば、どの国の株式市場の調子がよくても、その恩恵を受けられます。**全世界にベット（賭け）しているのでハズれることがない**、というのが全世界株式の強みです。

●**カントリーリスクで悩まなくていい**。国ごとの好不調を考える必要がない。

●資産を分散させることが安定運用につながることを説いた**「現代ポートフォリオ理論」**に近い運用ができる、

といった点が全世界株式を選ぶ理由になるでしょう。

先進国23、新興国24か国に分散投資

図31は、全世界株式の株価指数「ＭＣＳＩオール・カントリー・ワールド・インデックス（ＡＣＷＩ）」の２０２２年9月末時点の国・地域別の構成比率です。

米国の比率が62％ですから、全世界株式のインデックスファンドに投資していても**資産の約6割前後は米国株**で運用していることになります。

組み入れ比率の上位企業もアップル、マイクロソフト、アマゾン・ドット・コムなどの「ＧＡＦＡＭ」やエヌビディア、テスラなど米国の巨大ＩＴ企業がほぼ独占。

唯一、米国企業以外でトップ10入りしているのは、アップルのｉＰｈｏｎｅを製造している世界一の半導体受託製造会社の**TSMC**（台湾積体電路製造）ぐらいです。

現代ポートフォリオ理論とは？

図31　ACWIの国・地域別構成比率

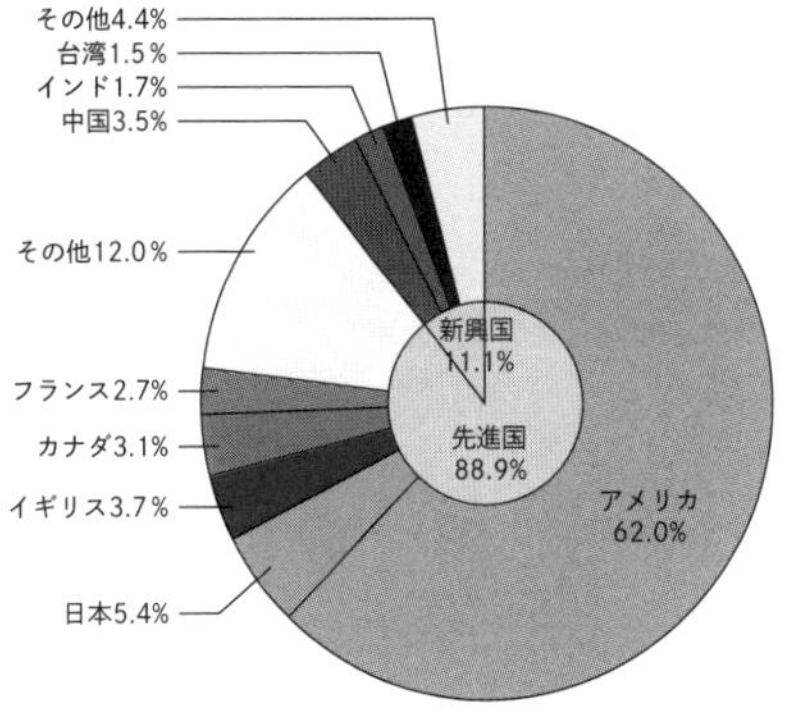

先進国・地域	(23か国・地域)	
アメリカ	オランダ	ベルギー
日本	スウェーデン	イスラエル
イギリス	香港	ノルウェー
カナダ	デンマーク	アイルランド
フランス	スペイン	ポルトガル
スイス	イタリア	ニュージーランド
オーストラリア	シンガポール	オーストリア
ドイツ	フィンランド	

新興国・地域	(24か国・地域)	
中国	タイ	ギリシャ
インド	マレーシア	ペルー
台湾	アラブ首長国連邦	ハンガリー
韓国	カタール	チェコ
ブラジル	クウェート	コロンビア
サウジアラビア	フィリピン	エジプト
南アフリカ	チリ	
メキシコ	ポーランド	
インドネシア	トルコ	

※2022年9月末時点。三菱UFJアセットマネジメント「eMAXIS Slim全世界株式（オール・カントリー）交付目論見書」より引用

投資の世界では「卵は一つのかごに盛るな」といわれるように、運用資産を一極集中させず、分散して投資したほうがリスクは低いといわれています。

この分散投資の考え方をもとに、運用資産（＝ポートフォリオ）の**リターンとリスクの最適解**を探るために構築されたのが**「現代ポートフォリオ理論」**です。1990年にノーベル経済学賞を受賞したハリー・マーコウィッツ氏が提唱しました。

理想的な投資は、価格変動リスクをなるべく抑えたうえで、**投資収益を最大化**することです。そのためには投資対象それぞれの価格変動率や組み入れ比率だけでなく、組み入れた**投資対象同士の値動きの関係性**にも配慮すべき、というのがその考え方です。

ハイリスク・ハイリターン、ローリスク・ローリターンという言葉もあるように、高いリターンを得るためには高いリスクをとらなければならない、といわれています。

現代ポートフォリオ理論では、さまざまな投資対象を組み合わせ、その組み入れ比率を調整することで、**価格変動リスクをなるべく抑えたうえで高いリターンが得られるポートフォリオ構成**を目指します。

ハイリスク・ハイリターンな商品Aとローリスク・ローリターンな商品Bを組み合わせると、期待リターンとリスク（価格変動率）の関係性は**図32**のような**弓型の曲線**で示されるといわれます。この弓型曲線を見ると、点Cまではリターンが高くなるのにリスクは減少していき、そこから先はゆるやかなカーブを描いてリスクが高くなっていきます。つまり、商品Aと商品Bの組み合わせ比率が点Cのレベルに達するまでは、「リスクが減少しているのに期待リターンは高くなる」という、投資家にとって理想的な分散効果が働く、ということです。

— 図32　現代ポートフォリオ理論の分散投資最適化曲線 —

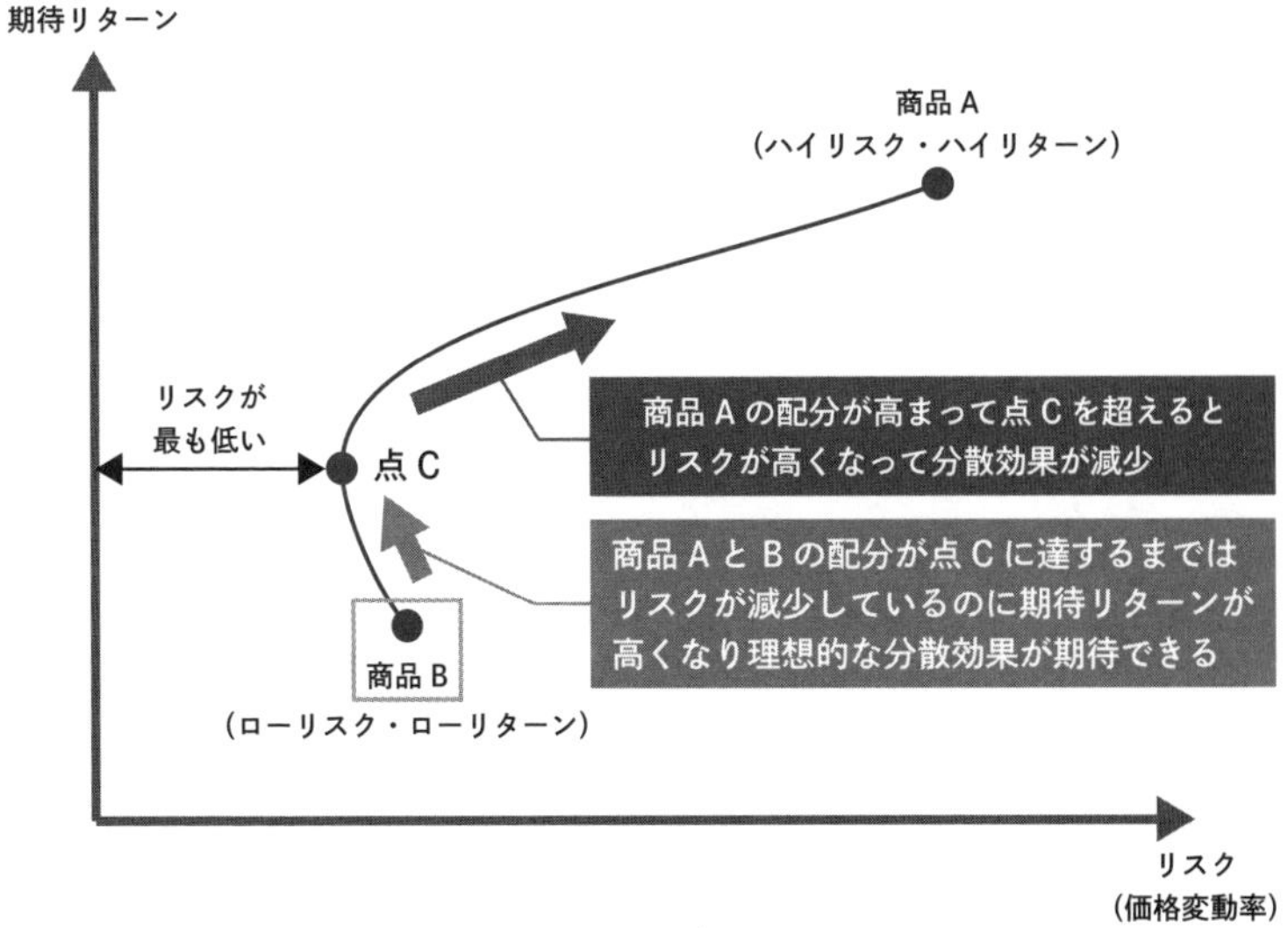
期待リターン
商品 A
（ハイリスク・ハイリターン）
リスクが
最も低い
点 C
商品 A の配分が高まって点 C を超えると
リスクが高くなって分散効果が減少
商品 A と B の配分が点 C に達するまでは
リスクが減少しているのに期待リターンが
高くなり理想的な分散効果が期待できる
商品 B
（ローリスク・ローリターン）
リスク
（価格変動率）

全世界株式のインデックス「ＭＳＣＩオール・カントリー・ワールド・インデックス」（ＡＣＷＩ）を算出しているＭＳＣＩ社では、こうした**現代ポートフォリオ理論の「最小分散ストラテジー」**に基づいて、幅広く全世界株式に投資する銘柄のポートフォリオを作成していると、自社の指数ハンドブックで解説しています。

現代ポートフォリオ理論から見ても、米国株一極集中ではなく、全世界株式に幅広く分散投資することが、価格変動リスクを減らしたうえで最大限のリターンをとりにいくための最適解だといわれる理由になっているのです。

S&P500か全世界株式かは好みの問題

SNSなどで盛んに議論されている「S&P500か全世界株式か、どちらがいいのか」についての私の結論は、

「それは好みの問題」

というものになります。

SNSではS&P500派とオルカン派が互いにマウントをとるような言動も見られますが、あまり意味はありません。世の中には海好きな人もいれば、山好きな人もいますし、インドアを好む人もいればアウトドアが好きな人もいます。

「お前の好みは間違っている」とは誰もいえません。

タイプ別でどちらがおすすめかを決めるなら、

○新しいものが好きで流行に敏感→S&P500

○特定の国より世界や地球全体が大好き→全世界株式

○過去の実績重視↓S&P500
○幅広く資産を世界中に分散して投資したい↓全世界株式
○アメリカやITが大好き↓S&P500
○日本やヨーロッパも好き。新興国にも興味がある↓全世界株式
○米国の個別株投資にも挑戦したい↓S&P500
○投資のことは何も考えず、ほったらかしで運用したい↓全世界株式

といった診断結果になるでしょうか。

「迷ったら半々」でもいいけれど……

迷ったら両方という考え方もあります。

本当に迷っているなら、それでもいいでしょう。

ただし、全世界株式にも米国株が約6割入っているので、S&P500に全世界株式を足すのは、運用資産に占める米国株比率を多少、薄める〝気休め〟程度の効果し

かありません。

S&P500に連動するインデックスファンドをメインで保有したうえで、インドや東南アジア、中国、中東、アフリカなど、これから伸びると思う**新興国や新興地域に特化した投資信託やETF**を、新NISAの成長投資枠を使って少し買ってみる、という考え方もあるでしょう。

「米国一辺倒は怖いけど、新興国もリスクが高そう」という人は、ヨーロッパなどを含む**先進国株式に連動したインデックスファンド**に投資するのも一つの考え方です。

ただ、「S&P500か全世界株式かを考えると夜も眠れない」という人は、S&P500を半分、全世界株式を半分でもかまわないと思います。

とにかく**投資を始める**こと。その最初の一歩としてS&P500か全世界株式に連動するインデックスファンドを買うのが最適解であることに変わりはありません。

「見る前に跳ぶ、迷う前に動く」という意味では、二つのインデックスファンドのどちらかを選んで、新NISAで毎月定額つみたて投資するのが基本中の基本なのです。

第5章

「年金＋分配金＞生活費」の“無敵定年”を最速達成する法

成長投資枠が新NISA攻略の〝肝〟

新NISAのつみたて投資枠では、金融庁が選定した投資信託しか買えません。ETFも何本かありますが、ネット証券では買えません。

つまり、成長投資枠の上限1200万円（年間投資枠240万円）を除いた、**残りのつみたて投資枠600万円（年間120万円）**では、バランス型ファンドや日本国内の株価指数に連動するインデックスファンドを買う選択肢もありますが、やはりS&P500か全世界株式のインデックスファンドにつみたて投資するのが最適解です。

しかし、**成長投資枠に関しては選択肢がたくさんある**ため、逆に迷ってしまう人も多いはずです。

新NISAの投資枠1800万円の3分の2を占める成長投資枠をどう活用するかで、資産運用の中身も結果もガラッと変わってくるのです。

そこで、**図33**に新NISAのモデル・ポートフォリオを5つ示しました。

─ 図33　新NISAのモデルとなる5つのポートフォリオ ─

①

つみたて投資枠 1800 万円すべて

S&P500 か全世界株式に連動した分配金再投資型インデックスファンド

②

つみたて投資枠 600 万円	成長投資枠 1200 万円
インデックスファンド	**インデックスに連動した国内 ETF** （分配金を日本円で受け取って生活費として使う）

③

つみたて投資枠 600 万円	成長投資枠 1200 万円
インデックスファンド	**インデックスに連動した米国 ETF** （成長投資枠では、つみたて投資枠では買えないインデックス ETF や高配当株 ETF を買う）

④

つみたて投資枠 600 万円	成長投資枠 1200 万円
インデックスファンド	**日本の高配当株や米国高配当株 ETF** （より多くの株主配当金や分配金をもらって老後の生活費に充てる）

⑤

つみたて投資枠 600 万円	成長投資枠 1200 万円
インデックスファンド	**個別株投資** （日本や米国の個別株に投資して2倍、3倍のリターンを狙うアクティブ運用）

つみたて投資枠600万円をS&P500か全世界株式の**分配金再投資型のインデックスファンドで複利運用**するところまでは、どのポートフォリオも同じです。

まだ20代、30代の**資産形成期**で、何も考えずほったらかしで「とにかく資産をじっくり、大きく増やしたい」という人は、成長投資枠でもつみたて投資枠同様に、分配金再投資型のインデックスファンドに投資するのがベストの選択肢でしょう。

このモデル①が一番オーソドックスな新NISA活用法だと思います。

もし、新NISAの**運用益を日々の生活費として使いたい**なら、モデル②のように成長投資枠ではS&P500や全世界株式に連動した国内ETFを購入するのもいいでしょう。国内ETFなら、**分配金を外貨(主にドル)から日本円に両替**したり、**二重課税の確定申告**をしたりする手間がかからないので便利です。

一方、長期運用を志向するなら、**運用コスト**が日本の投資信託やETFより安い米国ETFを購入するモデル③も選択肢です。この場合、ドルで支払われた分配金を使って、米国の個別株や、さまざまなインデックス(「ナスダック100」など)に連動するものなど、つみたて投資枠では買えない投資対象に連動した米国ETFに投資して、資産運用の幅を広げてみるのがいいでしょう。

ちなみに、つみたて投資枠で買える投資信託には、**バランス型ファンド**もあります。

しかし、バランス型ファンドなどの投資対象には、**株式より期待リターンが低い債券**も入っています。せっかくの限られた非課税枠を使って、株より〝儲からない〟債券を買うのはもったいないので、バランス型ファンドはおすすめしません。

新NISA口座の株式資産と、**新NISA以外の銀行預金（現金クッション）**を自分自身で〝バランス〟させれば済む話です。

成長投資枠は分配金重視でもOK

図33のモデル④と⑤のように、新NISAの成長投資枠では、幅広く株式市場全体に連動するインデックス型には投資しない、という選択肢もあります。

その場合の運用方針は二つ。

一つは、成長投資枠で**株主配当金や分配金などインカムゲイン**がたくさんもらえる高配当株や高配当株ＥＴＦに投資。**老後の生活費**などに充てます。

もう一つは、**個別株やアクティブ型投資信託**などに積極投資して、**大きな利益**を狙いにいき、新ＮＩＳＡの非課税メリットを最大限活用する戦略です。中・上級者レベルの投資家向けといえるでしょう。

ただ、初心者の方でも、米国の世界的な優良企業やＩＴ系の成長企業であれば、株価もずっと右肩上がりで推移する可能性が高いのでトライしやすいかもしれません。

成長投資枠で高配当株ＥＴＦ投資のすすめ

成長投資枠の投資候補として、インデックスファンド以外に私がおすすめしたいのが**米国の高配当株ＥＴＦ**です。

インデックスファンドと米国高配当株ＥＴＦの、どちらがいいかは、**あなたの年齢**にもよります。

まだ20代、30代で投資できる余裕資金が少ない人は、やはりＳ＆Ｐ５００や全世界株式に連動するインデックスファンドで資産を複利運用して、時間をかけて大きく増やしていくことを目指したほうがいいと思います。

一方、すでに40代後半から50代で老後が間近、もしくはすでに60代、70代で年金以外に収入がない方にとっては、資産自体を増やすより、**保有する資産からより多くの現金を受け取って豊かな老後生活のために使う**ことのほうに、投資の重点も移っているはずです。そういう方は、成長投資枠の上限1200万円を米国高配当株ＥＴＦで運用して、豊富なインカムゲイン（現金収入）を確保する選択肢もあります。

インデックス投資は投資期間15年が分岐点

インデックスファンドに投資する場合は、
「今後、新ＮＩＳＡで運用する期間が**15年以上か以下か**」
という**投資期間が大きな分岐点**になると私は思っています。
次ページの**図34**は1950年から2017年までの68年間における、Ｓ＆Ｐ500

図34　S&P500の運用期間別の年平均リターン

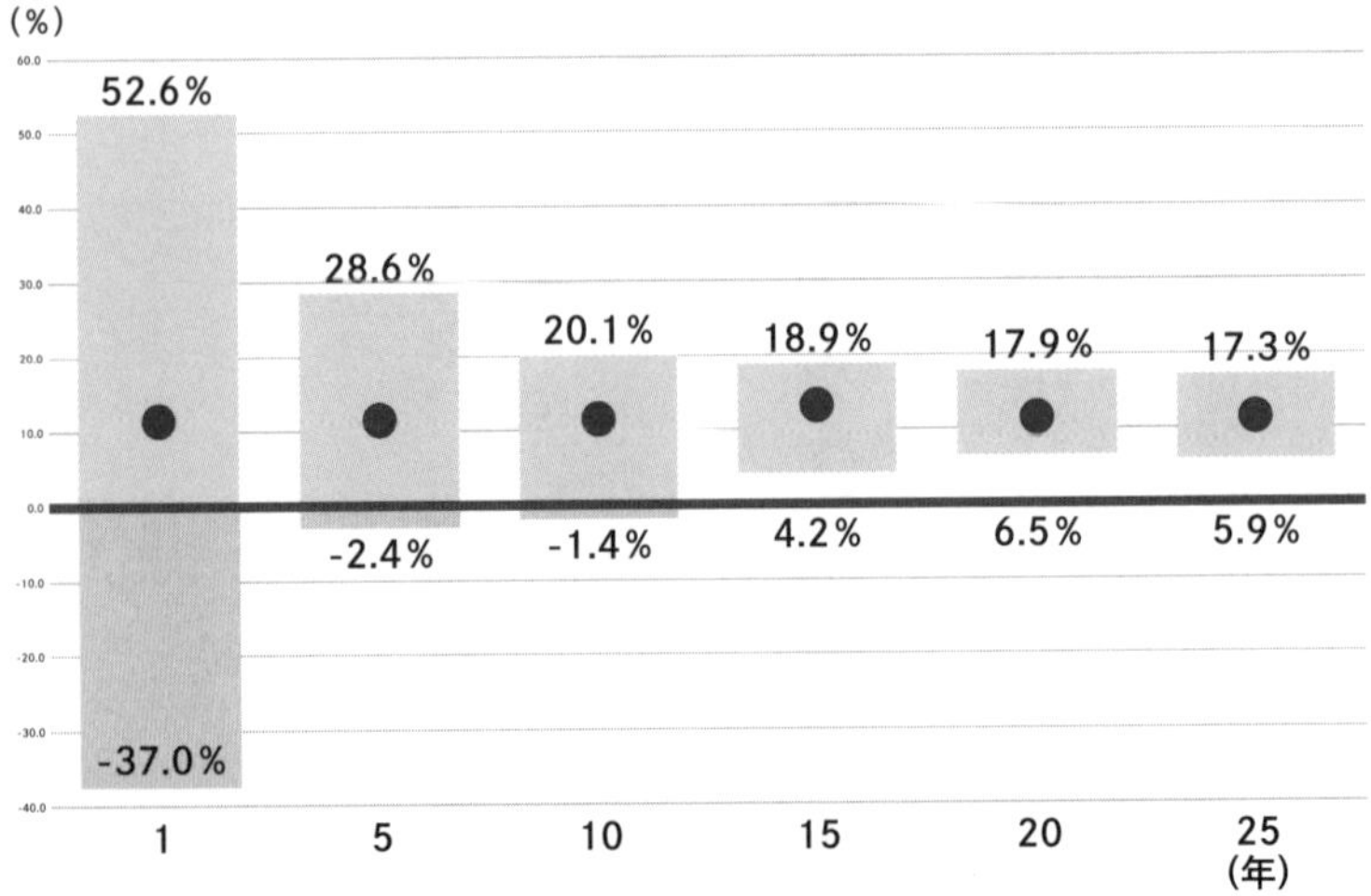

※『ウォール街のランダム・ウォーカー〈原著第12版〉 株式投資の不滅の真理』
バートン・マルキール著（日本経済新聞出版）より引用

の運用期間別の年平均リターンを示したものです。

上の図を見てもわかるように、運用期間が15年を超えると、68年間のどの15年間で運用しても、年間の平均リターンは**4・2%〜18・9%のプラス**になります。

過去66年間の実績からすると、S&P500に15年間以上、長期投資していれば、どんな時期でも必ず報われたわけです。

運用期間が20年、25年と長くなると、年平均リターンの**最低値は運用期間15年よりも向上**します。つまり、S&P500のインデックスファンドで資産運用して必ず成功したいと思うなら、**最低でも15年以上、**

運用を続けましょうということになります。

逆にいうと、自分の年齢や資産状況、今後の人生設計も考えて、この先、15年以上も資産を増やすための努力をする必要はないと判断できるなら、新NISAの成長投資枠では、非課税で株主配当金や分配金という〝果実〟が毎年、もらえる**高配当株に投資**を行うのが賢明かもしれません。

特に60代を過ぎてもう労働収入がない人は、運用資産自体の目減りをなるべく防ぐ必要があります。新NISAの成長投資枠を高配当株など潤沢なインカムゲインが見込める投資対象にシフトすれば、生活費のために**投資元本自体を取り崩す比率が減る**ので、安心感のある老後が過ごせるはずです。

理想は「年金+分配金∨生活費」の達成

労働収入がなくなったあとの老後生活の理想は、

「年金収入＋新NISA口座の高配当株からの年間配当収入＞毎年の生活費」

という状態です。

もし、年金と株主配当金や分配金収入だけで日々の生活費をまかなえているとしたら、もう株価の上下動、すなわち投資資産の評価損益を気にする必要がありません。

年金と資産運用から得られるインカムゲインだけで生活できれば、投資元本を取り崩して目減りさせることなく、優雅な老後が過ごせるでしょう。

むろん、世界的な大不況が来れば、投資している高配当株や高配当株ETFの株主配当金や分配金が**減額されるリスク**はありますが、より景気後退の悪影響を受けやすいインデックスファンドやグロース株に比べればローリスクといえます。

日本の高配当株に投資するなら

高配当株からのインカムゲインを日本円で受け取りたいという人は、**日本の高配当株**に投資するのもいいでしょう。

― 図35　時価総額1兆円以上で配当利回り4%超の高配当株 ―

銘柄名	配当利回り（予）
日本たばこ産業	6.04%
ソフトバンク	5.58%
日本郵政	4.89%
日本製鉄	4.76%
いすゞ自動車	4.75%
SOMPO HLDG	4.63%
MS & AD インシュアランス HD	4.59%
ENEOS HLDG	4.55%
商船三井	4.54%
川崎汽船	4.45%

銘柄名	配当利回り（予）
ゆうちょ銀行	4.41%
JFE HLDG	4.33%
武田薬品工業	4.25%
AGC	4.2 %
みずほ FG	4.17%
三井住友トラスト HLDG	4.12%
三菱 HC キャピタル	4.06%
日本郵船	4.04%
積水ハウス	4.04%

※楽天証券「スーパースクリーナー」で検索。
配当利回りは 2023 年 7 月 20 日の株価の終値と年間の予想配当金をもとに計算

たとえば、時価総額1兆円以上の大企業の中から配当利回り４％以上という条件でスクリーニングすると、**図35**のような銘柄がピックアップされました。

業績や財務が安定した大企業の高配当株なら、業績悪化による**減配**（配当金が減ること）リスクを避けられる可能性も高いでしょう。

２０２３年3月末には、日本株市場を運営する東京証券取引所（東証）が、株価が低迷して会社の解散価値を下回っている企業に対して、株価を上げるための努力をするよう、異例の要請を行いました。これを受けて、**ＰＢＲ（株価純資産倍率）が1倍**

を割り込んでいるような割安な高財務企業は、相次いで増配や自社株買いの方針を打ち出し、株価を引き上げるような努力を始めています。そうした割安高配当株を狙うのもいいでしょう。

米国企業は連続増配株の宝庫

ただし、業績が安定していて、配当利回りが日本株以上に高く、しかも株価の値上がりにも期待できるという〝一石三鳥〟を目指すなら、日本株以上にスーパー高配当株の多い米国高配当株に投資することを私はおすすめしています。

米国株の場合、毎年株主に支払う配当金を引き上げる増配を行い、その期間がすでに数十年に達している連続増配株もたくさんあります。

図36は時価総額500億ドル（7兆円）以上、配当利回り4％超で、しかも連続9期以上の増配を続けている米国の有名企業をピックアップしたものです。やはり、世界中の誰もが知っている米国高配当株のほうが日本株以上に安心感があります。

ー 図36　9期以上連続増配・配当利回り4%超の米国高配当株 ー

銘柄名	業種	配当利回り（予）
アルトリア・グループ	タバコ製品	8.3%
ベライゾン・コミュニケーションズ	通信サービス	7.7%
スリーエム（3M）	コングロマリット	5.8%
フィリップ・モリス・インターナショナル	タバコ製品	5.1%
IBM	ソフトウェア	4.9%
ファイザー	医薬品	4.5%
デューク・エナジー	公益	4.4%
アッヴィ	医薬品	4.3%
ロイヤル・バンク・オブ・カナダ	銀行	4.0%

※マネックス証券「銘柄スカウター米国株」で検索。
2023年7月19日の株価の終値と年間予想配当金から利回りを計算

米国高配当株ETFに投資

ただ、いかに米国を代表する高配当株といえども、あまり銘柄を絞ってしまうと、投資した企業の業績が悪化したり、業種自体が古びて人気がなくなったりすると、株価が大きく下落して、配当金も減配されるリスクがあります。

やはり、超優良な高配当株といえども、**分散が大切**です。

たとえば、業種の違う米国の高配当株10社程度を選び、成長投資枠1200万円を10分割して120万円ずつ投資するのもいいでしょう。

ただ、個別株投資の場合、**決算発表**をいちいちチェックしたり、その企業の業績や財務、株価の推移を調べたりして、**自分自身で銘柄入れ替えを行う必要**があります。

それは、かなり手間のかかる作業です。

その点、米国は、たくさんの優良な高配当株を集めた**高配当株ETFの品ぞろえが日本のETFに比べて圧倒的に充実**しています。

米国高配当株ETFの中には、10兆円近い巨額の純資産総額を誇るものもあり、経費率も0・0何%台と安く、投資ニーズにあわせたETFを選ぶことができます。

何よりETFの基準価額がずっと**右肩上がりで上昇**し続けているので、高利回りの分配金をもらいながら、値上がり益にも期待できる点が大きな魅力です。

有名な高配当株ETFとしては、

●**「iシェアーズ・コア米国高配当株ETF」（HDV**　ブラックロック　経費率0・08%　純資産総額1・4兆円　直近分配金利回り3・13%　分配金利回り

は2023年8月23日現在・以下同）
モーニングスター配当フォーカス指数に連動した価格と利回りパフォーマンスを目指しています。構成銘柄は**75銘柄**で、エクソン・モービル、ジョンソン・エンド・ジョンソン、ベライゾン・コミュニケーションズなどの組み入れ比率が6〜8％強。**特定銘柄の組み入れ比率が高め**です。

●「SPDRポートフォリオS&P500高配当株式ETF」（SPYD　ステート・ストリートGA　経費率0・07％　純資産総額0・9兆円　直近分配金利回り5・12％）

S&P500採用銘柄のうち、配当利回りの高い上位**80銘柄**を組み入れたS&P500高配当指数に連動した運用を目指しています。組み入れ銘柄上位はアムジェン、シーゲイト・テクノロジーHD、アッビィなど。1社の組み入れ比率は最大1・47％程度で、**銘柄分散が利《き》いている**のが特徴。分配金利回りが**4％台後半から5％台**と高めなところが魅力です。

●「バンガード米国高配当株式ETF」（VYM　バンガード　経費率0・06%
純資産総額6・8兆円　直近分配金利回り3・05%）
FTSEハイディビデンド・イールド・インデックスに連動しています。純資産総額が**約7兆円**と、ほかのETFを圧倒。JPモルガン・チェース、ジョンソン・エンド・ジョンソン、プロクター・アンド・ギャンブル、エクソン・モービルなど**米国の超優良企業462社**に**最大3%台の比率**で投資しており、銘柄分散が利いています。

保有期間で選ぶ銘柄は変わる

では、HDV、SPYD、VYMという米国高配当株ETF3銘柄のうち、どれを選べばいいのでしょうか。

単純に分配金利回りが4%台後半~5%台前半と高いSPYDを選びたいところですが、高配当株ETF選びでは「どれぐらい、そのETFを保有するか」という**保有期間を意識**することも大切です。

図37　ＨＤＶ、ＳＰＹＤ、ＶＹＭのトータルリターン

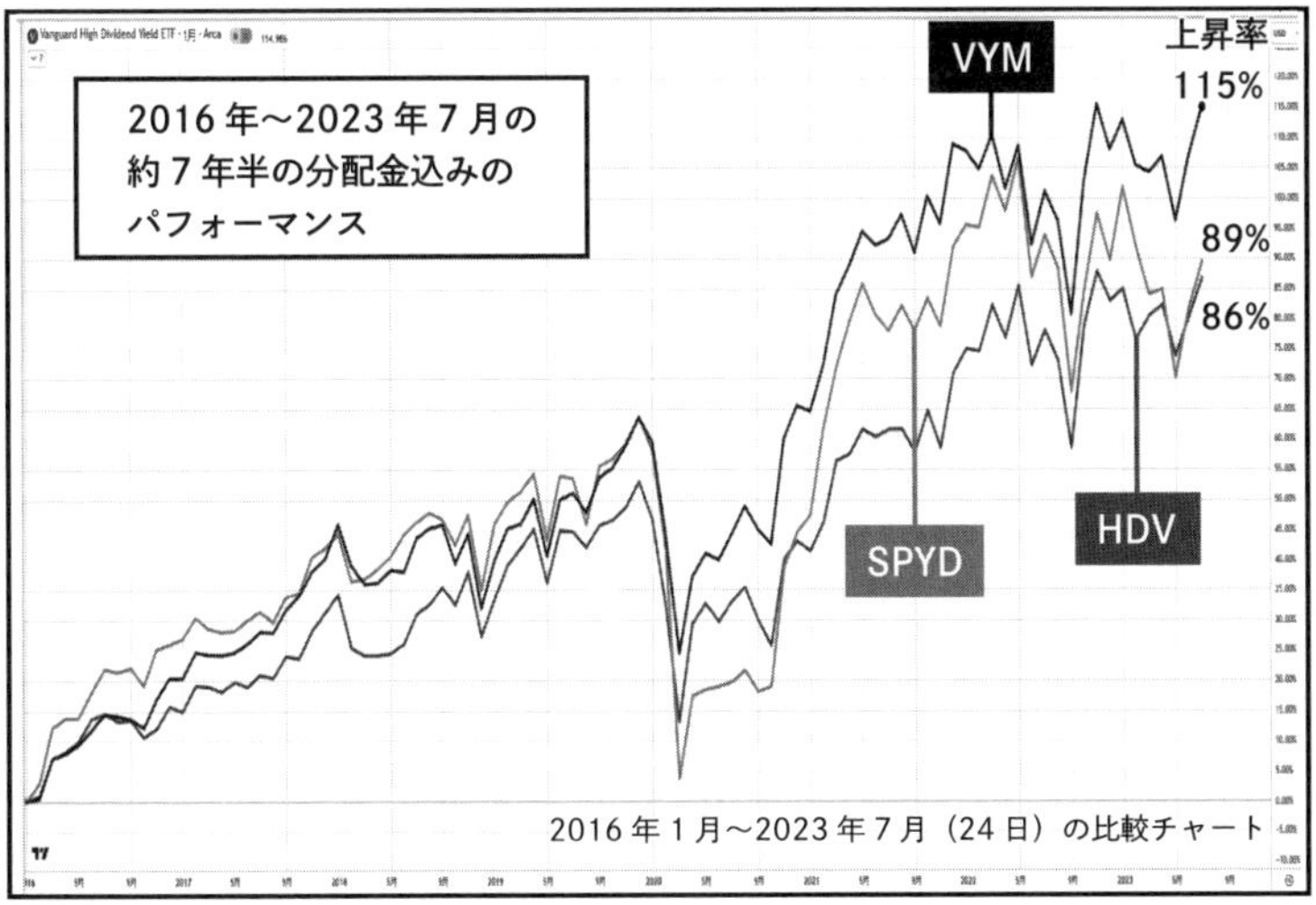

保有期間が長いほど、組み入れ銘柄の直近の配当利回りより、業績や将来性、ＥＴＦの**増配率**（分配金の毎年の増加率。数年間の平均値を見たほうがいい）**に注目**してＥＴＦを選んだほうがトータルリターンの向上につながるからです。

図37は、ＨＤＶ、ＳＰＹＤ、ＶＹＭの分配金を加味した基準価額の推移を比較したチャートです。２０１６年1月4日を１００としたとき、２０２３年7月24日までの約7年半で、分配金込みのトータルリターンが何%上昇したかを示しています。

図を見ると、約7年半の上昇率ではＶＹＭの**１１５%**が最も高く、ＳＰＹＤが**89%**、

HDVが**86%**。VYMのパフォーマンスがかなり優秀です。

ただ、図ではわかりませんが、より短期的な2021年〜2022年のパフォーマンスを比べると、この時期は下げ相場で高配当株に人気が集まったこともあり、分配金利回りが高いSPYDの成績が最もよくなっています。そう考えると、

●2年以下の短期保有なら分配金利回りが5%前後のSPYD。

●5年以上の長期保有なら分配金利回りは3%台なものの基準価額の上昇に期待できるVYM、

というのが銘柄選びの参考基準になります。

高配当株ETFのメリット・デメリット

VYMのメリットは組み入れ銘柄が**462銘柄**に達していて分散効果が高いこと、毎年、分配金が増額されていて、**安定した増配率**に期待できること、さらに**基準価額**が3つのETFの中で最も上昇していることが挙げられます。

運用開始直後の分配金利回りは**3%台と低く**なります。

しかし、投資期間が長くなると、毎年、分配金が増額されていくので、**自分が購入したときの投資元本に対する分配金利回り**（ここでは**「自分利回り」**と呼びます）がどんどん向上していきます。

これこそ、**増配率が高いETF**の魅力です。自分利回りの向上だけでなく、増配を好感した基準価額の値上がりによるキャピタルゲインも見込めます。

一方、SPYDのメリットは、とにかく投資開始時点の分配金利回りが**5%台前後と高い**こと。手っ取り早く、高額な分配金が欲しいという要求を満たしてくれます。

SPYDの組み入れ銘柄は80銘柄で、分散効果は普通レベルといえるでしょう。ただ、組み入れ銘柄の多くは高配当ではあるものの成長性が乏しいため、増配は期待薄。分配金込みのトータルリターンはHDVよりわずかに高いものの、基準価額自体の上昇はあまり見込めません。

ＨＤＶはＶＹＭとＳＰＹＤの中間に位置するようなＥＴＦです。組み入れ銘柄は75銘柄で、分散効果が低い点が難点かもしれません。そこそこ安定した増配に期待でき、しかも投資開始時点の分配金利回りが通常はＶＹＭより少し高い点が魅力といえます。

私個人としては、銘柄分散効果が高く、安定した増配にも期待できる**ＶＹＭを一番おすすめ**したいです。

少しリスクは高くなりますが、ＨＤＶも悪くはありません。

投資開始時点でできるだけ高い分配金利回りを求めるならＳＰＹＤもあり、というのが結論です。

連続増配株に的を絞ったＥＴＦも！

高配当株投資の落とし穴は、配当利回りにこだわってしまうこと。

配当利回りは**「1株あたりの配当金÷株価」**で計算しますが、分子の配当金が上がらなくても、**分母の株価が下がると配当利回りは上昇**してしまいます。配当利回りに目がくらんで買ったものの、株価がずるずる下がっていては元も子もありません。

その点、**連続増配株**なら、業績もいいので株価も上昇しやすくなります。

これは、高配当株ETFの基準価額と分配金についてもいえることです。

米国の配当がらみのETFの中には、高配当ではなく、**連続増配にフォーカスしたETF**も多数存在します。その大本命といえるのが、このETFです。

●「バンガード米国増配株式ETF」（VIG）

バンガード　経費率0・06％　純資産総額9・5兆円　直近分配金利回り1・93％）

VIGは高配当株というより、毎年増配を続ける連続増配株を組み入れたETFとして有名で、過去10年以上連続増配を続けている**中大型株314社**に投資しています。10兆円近い純資産総額を集めており、人気度は№1。マイクロソフトやアップル、ユナイテッドヘルス・グループなど**成長企業でありながら高配当も実現**し、しかも連続増配を続けている300社超に分散投資できるのが魅力です。

増配を続けることができる企業は毎年、本業で稼ぐ利益も増えていることが多いも

図38　VIG、VYM、SPYDのトータルリターン

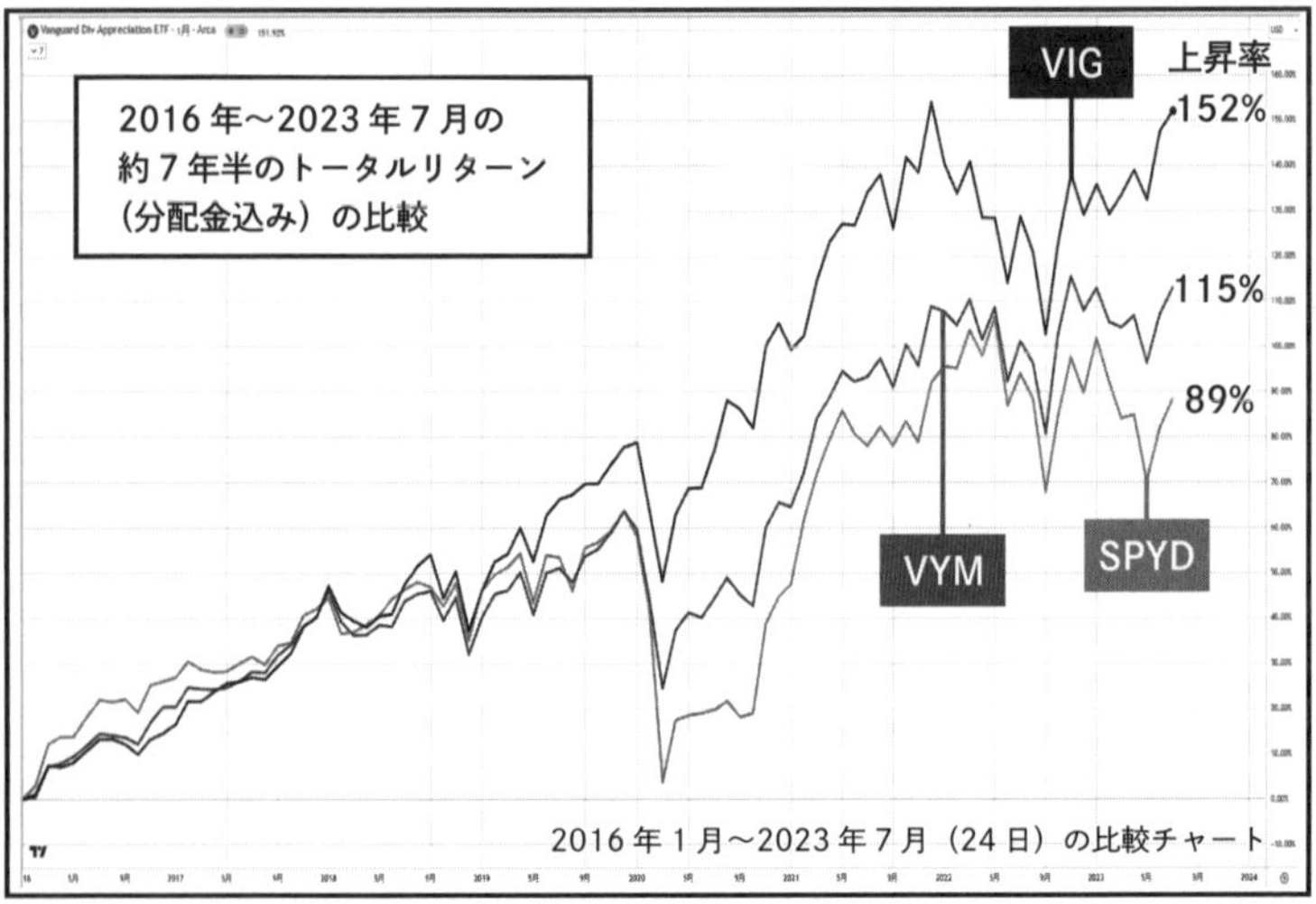

のです。売上高や利益が増えていけば、当然、株価も**増収増益や増配を好感して、ずっと右肩上がりで推移**することが多いのです。

図38は、高配当株ＥＴＦの中で最もトータルリターンの高いＶＹＭ、分配金利回りの高いＳＰＹＤと連続増配株ＥＴＦ・ＶＩＧの分配金込みのトータルリターンを比較したもの。期間は２０１６年１月４日～２０２３年７月24日の約７年半です。

図を見てもわかるように、連続増配株ＥＴＦのＶＩＧの上昇率が１５２％で、ＶＹＭやＳＰＹＤを圧倒しています。

ＶＩＧの分配金利回りは**２％前後**と、Ｓ

ＰＹＤの５％前後に比べるとかなり低いですが、基準価額の上昇率を加味すれば、単純な高配当株ＥＴＦに投資するより連続増配株のパフォーマンスのほうがよく、**長期投資するならＶＩＧ**がおすすめです。

ＶＹＭとＶＩＧならどっちを選ぶ？

高配当株ＥＴＦで安定感が抜群のＶＹＭと、長期間のトータルリターンでは圧倒的に優秀な連続増配株ＥＴＦ・ＶＩＧの２０２２年末の分配金利回りと２００８年〜２０２２年の年間平均増配率は以下のようになります。

●ＶＹＭ
分配金利回り　３・０５％　増配率６・００％

●ＶＩＧ
分配金利回り　１・９８％　増配率８・５１％

ＶＹＭのほうが１％ほど分配金利回りは高いですが、ＶＩＧの増配率が２％ほどＶ

YMを上回っています。

つまり、長期間保有すればするほど、増配率の高いVIGのほうが自分の購入価格に対する利回りが向上するということ。計算してみると、**24年後にはVIGの自分利回りが逆転**するという結果になりました。

逆にいうと、自分利回りが逆転するのに24年も要するので、**投資したあと、すぐに高い分配金利回りを得たいならVYM**を選ぶといいでしょう。

ただ、先ほどの図38のトータルリターン比較で見たように、マイクロソフト、アップル、ユナイテッドヘルス・グループなどグロース株の一角も組み入れたVIGには基準価額の値上がりも期待できます。分配金を得ながら**値上がり益にも期待して長期運用したい人にはVIGが最適**といえるかもしれません。

高配当株ETFは暴落時がチャンス

米国の高配当株ETFや連続増配株ETFは、金融ショックなどで**全体相場が暴落**しているときこそ、絶好の買い場といえます。

配当利回りは「配当金÷株価」で計算するので、同じ4ドルの配当金を出す会社でも株価100ドルのときに、その株を買えば配当利回りは4％。

株価が一時的に50ドルまで下落したときに買えば、配当利回りは8％に跳ね上がります。

つまり、何かの拍子に全体相場が暴落して、それに〝ツレ安〟する（全体相場に引きずられて株価が下落する）形で米国の高配当株ETFの基準価額が急落したときに一括投資すれば、自分利回りを大きくアップさせることができるのです。

金融ショックが起こると、多くの企業は業績が悪化して配当金を減配したり無配に転落したりします。

しかし、**何十年もの間、多くの暴落局面を乗り越えて増配を続けてきた連続増配企業**なら、たとえ株価が暴落した金融ショックの時代でも増配に期待できます。

― 図39　2020年3月コロナショック前後のVIGの値動き ―

VIG
コロナショックで急落。
こうした暴落時が逆に
底値買いのチャンス
週足チャート　2019年3月～2021年4月

当然、そういった企業は株価の回復もほかの株より早くなります。

たとえば、**図39**は**コロナショック**のときのVIGのチャートです。基準価額が一時的に80ドル台まで急落しています。ピンポイントで底値を当てるのは難しいですが、**底値圏で買い集める**ことができれば、自分利回りが非常に高くて頼もしい**〝配当マシーン〟**を手に入れることができます。

高配当株投資では特に、**「暴落はある意味、チャンス」**と考えられるようにしてください。

第6章

「インデックスが報われない未来」に備える一つの方法

S&P500の平均リターンは年9・9%

S&P500にしても、米国株がポートフォリオの6割を占める全世界株式にしても、過去数十年にわたって上昇が続いてきました。

「投資の神様」といわれる米国著名投資家の**ウォーレン・バフェット氏**は2023年8月30日で御年93歳を迎えられましたが、妻には**「遺産の90%はS&P500で運用するように」**と伝えているそうです。

バフェット氏が創設した世界最大級の投資会社バークシャー・ハサウェイのホームページには、毎年バフェット氏が株主に送った手紙が公開されています。

その冒頭には、**S&P500と比較したバークシャー・ハサウェイの株価のパフォーマンス**が毎年、掲載されています。

それによると、1965年~2022年の**58年間のS&P500の株主配当金込みの年平均リターンは9・9%**。バークシャー・ハサウェイ株の**19・8%**には及びませんが、58年間にわたって約10％の平均リターンを毎年、叩き出しています。

２００８年９月に発生した「１００年に一度の金融危機」といわれるリーマンショック以降は、米国の中央銀行にあたるＦＲＢ（連邦準備制度理事会）の**大規模金融緩和の恩恵**もありました。２０１２年～２０２１年の10年間のＳ＆Ｐ５００の年平均リターンは実に14・７％に達しています。

しかし、それはあくまで過去の話。

未来のことは誰にもわかりません。

２０２２年２月に始まった**ロシア・ウクライナ戦争**がエスカレートし、台湾を巡る米中の対立が激化して、ひょっとしたら第三次世界大戦や核戦争が起こるリスクもあります。本当に起これば、運用資産どころか、人類の大半がこの地球上から消滅してしまうかもしれません。

世界中で猛威をふるう**地球温暖化**が深刻化して、異常気象の影響で自然災害や食糧危機が頻発《ひんぱつ》して、世界経済が衰退に向かう万に一つの可能性も否定できません。

２０２２年の下げ相場について考える

実際、２０２２年の株式市場は下げ相場に見舞われ、S&P500はドルベースで年間19・4％も下落しました。

その元凶になったのが、米国内の**物価高とそれにともなう金利上昇**です。

２０２２年は、新型コロナウイルス感染症の爆発的なまん延による物流網の混乱、コロナ禍克服後の経済再開による需要の拡大や人手不足、２０２２年２月に始まったロシア・ウクライナ戦争の影響で、**資源や穀物の価格が高騰**。

米国やヨーロッパをはじめ、日本も含む世界各地で、２０２３年に入っても物価高が続いていています。物価高を抑えるためには、世の中のお金の巡りを抑制する必要があるため、欧米の中央銀行は急ピッチな政策金利の引き上げを続けています。

インフレ＝物価高は、モノに対するお金の価値の減少を意味します。そのため、お金を何年間も貸すことで利息収入を得る**債券価格の下落**につながります。

債券の価格が下落すると、それに**反比例して金利が上昇**します。**高金利が続くと、株式投資の魅力が低下**します。高金利のせいで、株式市場に流れ込む資金量も減少するため、金利上昇は株価にとって大敵なのです。

2022年の株式市場は世界的に見ても、大きく下落することになりました。

2023年も状況は変わっていない!?

2023年に入ると、**米国の物価高に鈍化の兆し**が見え、米国の中央銀行にあたるFRBの利上げもそのうち終了して、いずれ利下げに転じるだろうという期待感から**米国株も日本株も上昇**に転じました。

S&P500は2023年1月～6月の上半期だけで**15・9%**も上昇。これは2000年以降では過去2番目に高い上昇率です。

巨大IT企業の影響力が強いナスダック総合指数は2023年1月～6月の上半期、約40年ぶりとなる**32%**も上昇しました。

この上昇で、「やっぱり米国株は強い！」と胸をなでおろした人も多かったでしょう。

長年、米国株に比べてパフォーマンスが見劣りしていた日本株も、先ほど紹介したウォーレン・バフェット氏が２０２３年４月に日本の大手商社５社の株式買い増しを表明した宣伝効果もあって、**２０２３年上半期は米国株以上に上昇**しました。

ただ、２０２３年下半期以降の株式市場、特に米国株が今後も右肩上がりの派手な上昇を続けるのかどうかはまだわかりません。

というのも、米国の債券市場では２０２３年８月現在も、**今後の景気後退につながりかねない債券価格の下落（金利の上昇）トレンド**が続いているからです。

逆イールドは数十年ぶりの水準に

米国の債券市場では、２０２２年7月以降、短期国債（主に2年国債）の金利が長期国債（10年国債）の金利を上回る**「逆イールド」**という現象が発生しています。

通常、債券の金利は、**満期までの期間が長くなるほど高くなる**ものです。長期間、お金を貸すほうが貸し倒れやインフレで貸し金が目減りするリスクが高くなるためです。

逆イールドは、中央銀行による利上げや金融不安による短期的な資金需要の増加で、**短期金利が急騰**することで起こります。

短期金利が上昇すると、「今後、景気が悪くなるだろう」という見通しが優勢になり、長期の債券には買いが集まるため、長期金利は短期金利ほど上昇しません。

そのため、短期金利が長期金利を上回る逆イールドの発生は、**景気後退や株価急落の前兆シグナル**として恐れられてきました。

次ページの**図40**は1970年代後半から2023年7月現在までの、米国の2年国債と10年国債の**長短金利差の推移**です。

金利差の折れ線グラフが横軸のゼロラインを下回ったところが逆イールドの発生時期です。そして、灰色の帯で示した期間が米国の景気後退期です。

2000年のITバブル崩壊から2001年のニューヨーク同時多発テロの期間や

図40　米国2年国債・10年国債の金利差の推移

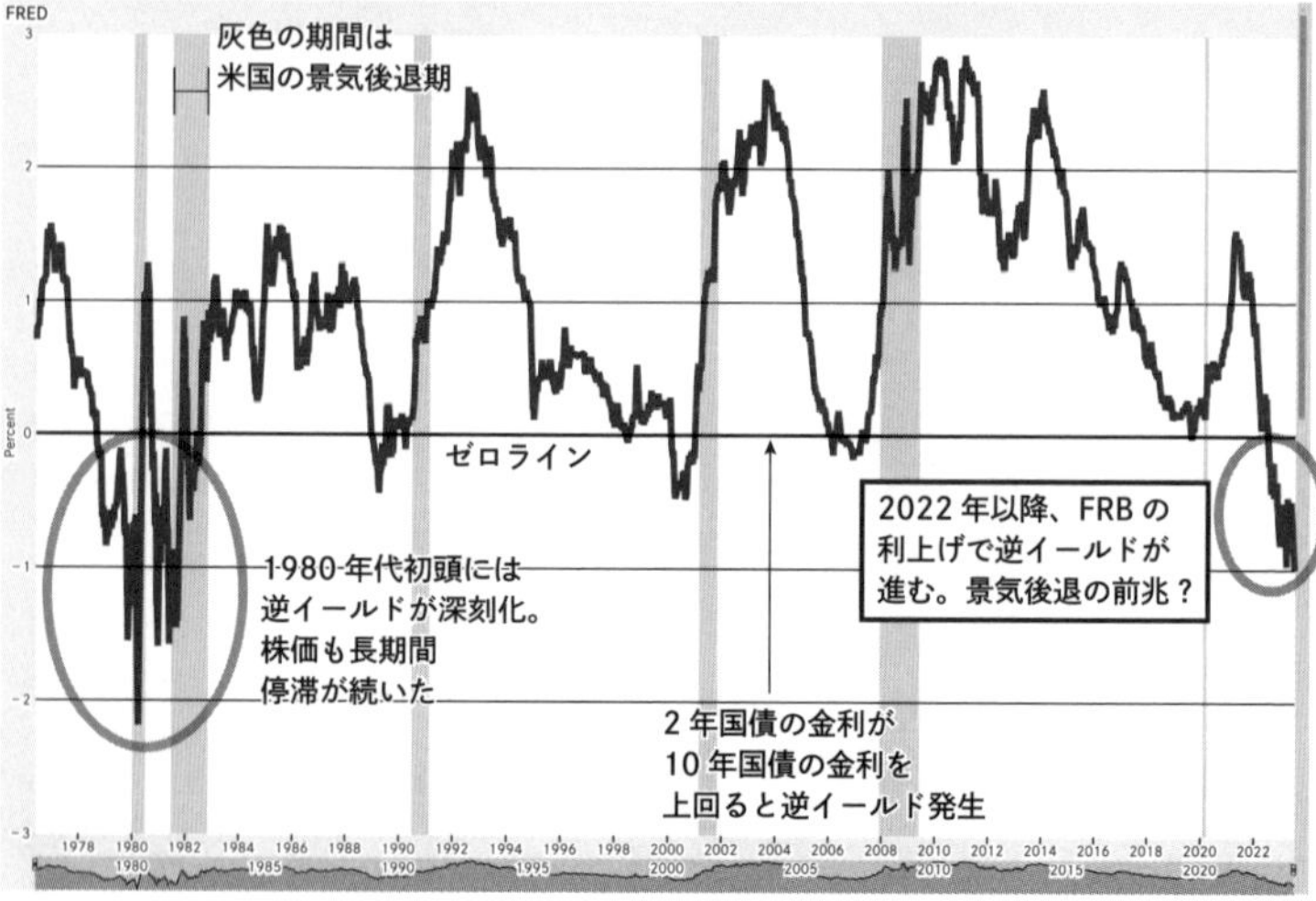

※「ECONOMIC RESEARCH FEDERAL RESERVE BANK OF ST.LOUIS」でデータ作成

２００８年秋のリーマンショック前に逆イールドが発生しています。

2022年～2023年の逆イールドは、米国経済が長期的に低迷した１９８０年代初頭の水準まで広がっています。そのため、今後、米国が深刻な景気後退に陥るのではないかという懸念が高まっているというわけです。

世界経済は２０２４年にかけて減速!?

ＩＭＦ（国際通貨基金）が２０２３年７月に発表した世界経済見通しの改定版では、世界経済の成長率は２０２２年の３・５％

から減速して、２０２３年、２０２４年はともに年率３・０％に落ち込む見込みです。一部には、米国経済が物価高や高金利を克服してソフトランディング（景気軟着陸）するという楽観論も台頭しています。

実際にインフレが収まらずに景気後退に陥るか、それとも高金利下でも景気がソフトランディングするか、**今後の世界経済に関しては不確実性が高く、どちらに転んでもおかしくない不透明な状況**が２０２４年以降も続きそうです。

世界経済の減速が一過性の景気循環に過ぎないのであれば、問題はありません。

ちょうど新ＮＩＳＡが始まる２０２４年頃に景気後退懸念で株価が下がっていたら、比較的安い基準価額でＳ＆Ｐ５００や全世界株式に連動するインデックスファンドのつみたて購入を始められるからです。

しかし、しつこい物価高とそれを抑え込むための**高金利政策が今後も長期間続く**ようなら、米国経済や米国株、全世界株式の長期的な低迷につながる恐れもあります。

次ページの**図41の上のグラフ**は、１９６０年代からの米国の政策金利と消費者物価指数の前年同期比の伸び率を示したものです。

図41　米国の政策金利と消費者物価指数の推移

1960年代からの米国の政策金利と
消費者物価指数（前年同期比の伸び率）

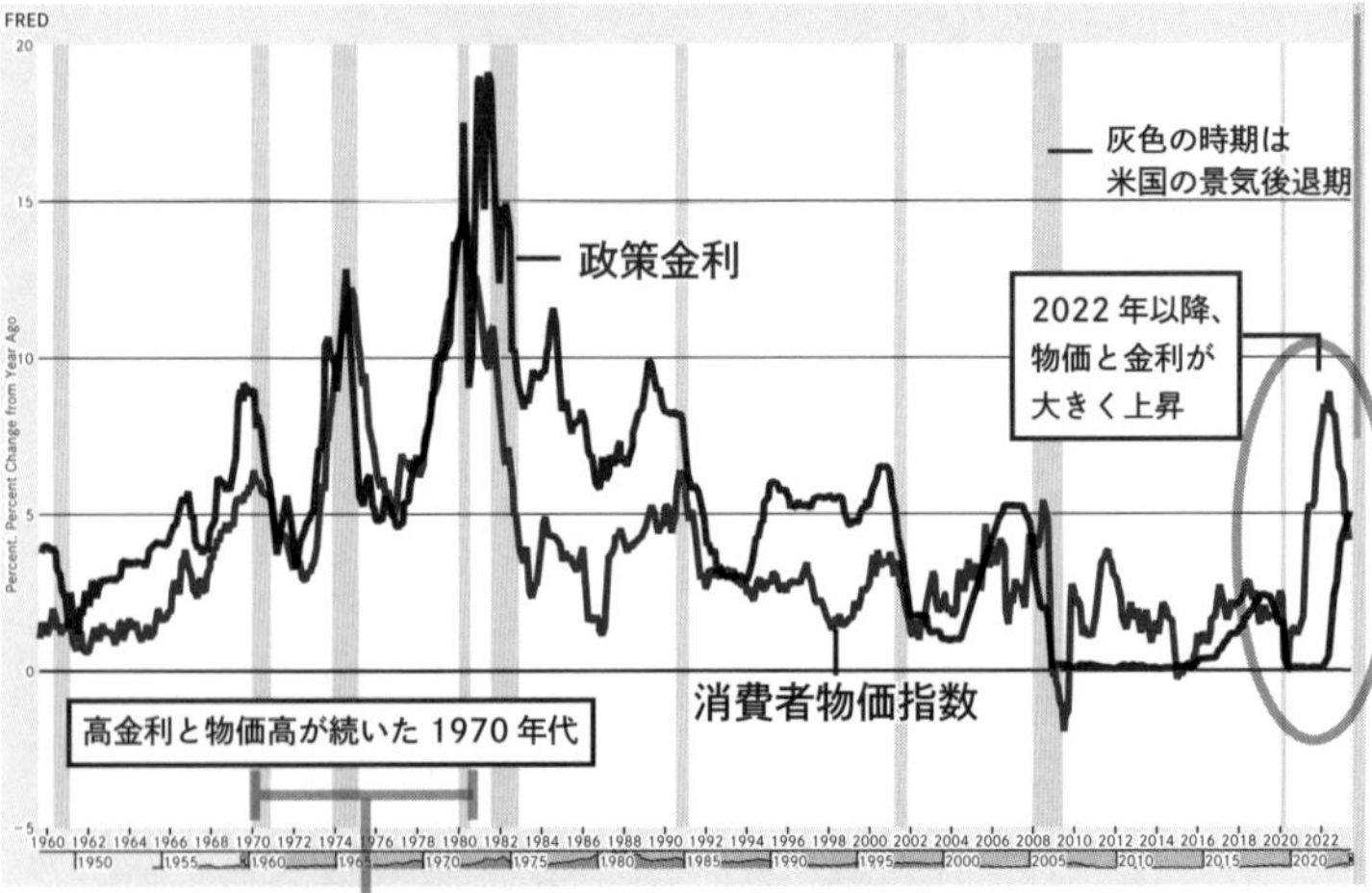

1970年代～1980年代初頭の米国株低迷期のS&P500

※上の図は「ECONOMIC RESEARCH FEDERAL RESERVE BANK OF ST.LOUIS」でデータ作成

２０２１年以降、消費者物価指数が跳ね上がり、２０２３年に入って鈍化したものの、ＦＲＢは物価上昇を抑えるために**政策金利の引き上げ**を続けています。

過去、**１９７０年から１９８０年代初頭**にかけては、物価と政策金利が急上昇し、そのたびに灰色の帯で示した景気後退に見舞われていることがわかります。

米国がインフレとそれにともなう高金利に苦しんだ１９７０年代から１９８０年代初頭までの10数年間は、**「株式の死」**といわれるほど株価が長期低迷しました。

図41の下のチャートは１９６６年～１９８３年にかけてのＳ＆Ｐ５００の値動きです。

Ｓ＆Ｐ５００は１９７０年～１９８０年の10年前後にわたって長期低迷し、１９７３年１月につけた高値を、１９８０年７月までの７年半もの間、超えることができませんでした。

Ｓ＆Ｐ５００が本格的な上昇モードに入ったのは１９８３年以降です。

今後もインフレや高金利が続けば、米国株が再び「株式の死」と呼ばれるような長期低迷に陥る恐れがまったくないとはいえません。

米国株凋落リスク①ロシア、中国のドル離れ

株式投資では**最悪のシナリオも想定**しておくと、いざというときに慌てず騒がず冷静に対処できます。

米国株凋落のリスク①といえるのは、2022年2月のロシアによるウクライナ侵攻によって決定的になった、ロシアや中国といった専制国家と、米国をはじめとした西側諸国の**政治・経済・軍事的な対立**です。

IMFのデータによると、2021年末の日本のGDPは4兆9326億ドル、外貨準備高は1兆4058億ドルです。日本は対GDP比で約28％の外貨を保有していますが、その多くは米ドル建ての米国債です。

一方、ロシアは米国債の保有比率を減らし、その代わりに着々と**金（ゴールド）の保有残高**を増やしています（**図42の上**）。

一方、中国も2010年代中盤以降、米国債など米国政府が発行している国債など

図42　米国債を売却するロシアと中国

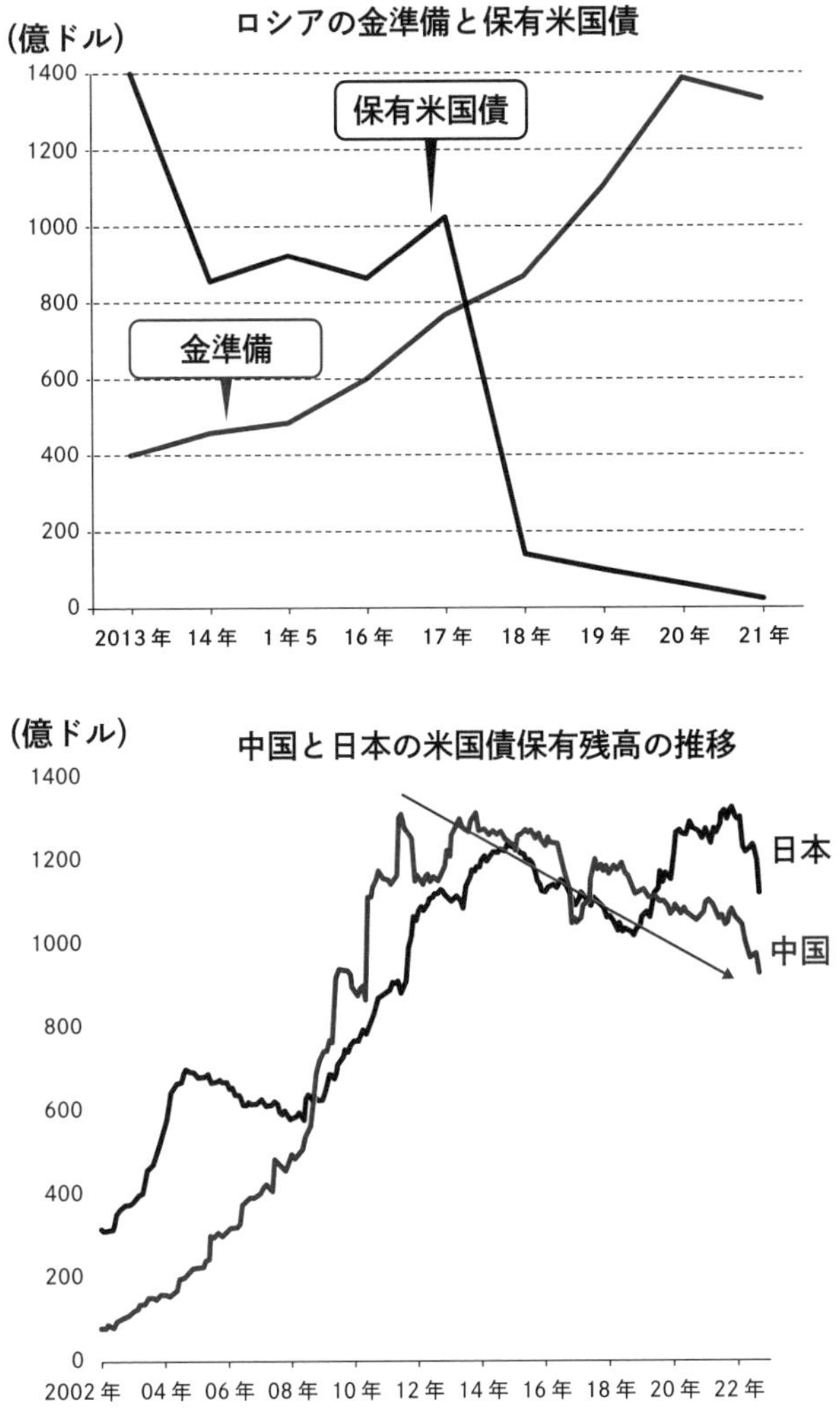

※上の図は夕刊フジ公式サイト「ZAKZAK」記事（https://www.zakzak.co.jp/article/20220218-A7Y5KKB36RJE5AK3XFABDE2544/）より引用
下の図は金融情報サイト「MINKABU」記事（https://fu.minkabu.jp/column/1738）より引用

債務証券の保有残高を減らしています（**図42の下**）。

では、その代わりに何かを買っているかというと金です。中国の金の準備高は2008年から2016年にかけて**2倍**近く増えたというデータもあるぐらいです。

これが何を意味するかというと、ロシア、中国という2大大国が世界の基軸通貨である**「米国ドル離れ」**に向かっていることを意味します。

米国が経済、金融、貿易などの分野で世界最強国家として君臨できている理由は、**国際間の商取引の大半が米ドル建て**で行われているからです。

世界中の多くの国々の経済は米ドルがないと回りません、しかし、その**米ドルをじゃぶじゃぶ印刷できるのは米国**だけ。

この圧倒的な優位性が米国経済の隆盛につながり、米国株が世界最強のパフォーマンスをあげる原動力になってきました。

しかし、中国、ロシアという2大超大国がドル離れして、金に乗り換えているのは、世界の覇権国家・米国にとって実は大きな不安定要素です。

— 図43　金ETF「SPDRゴールド・シェア」の基準価額の推移 —

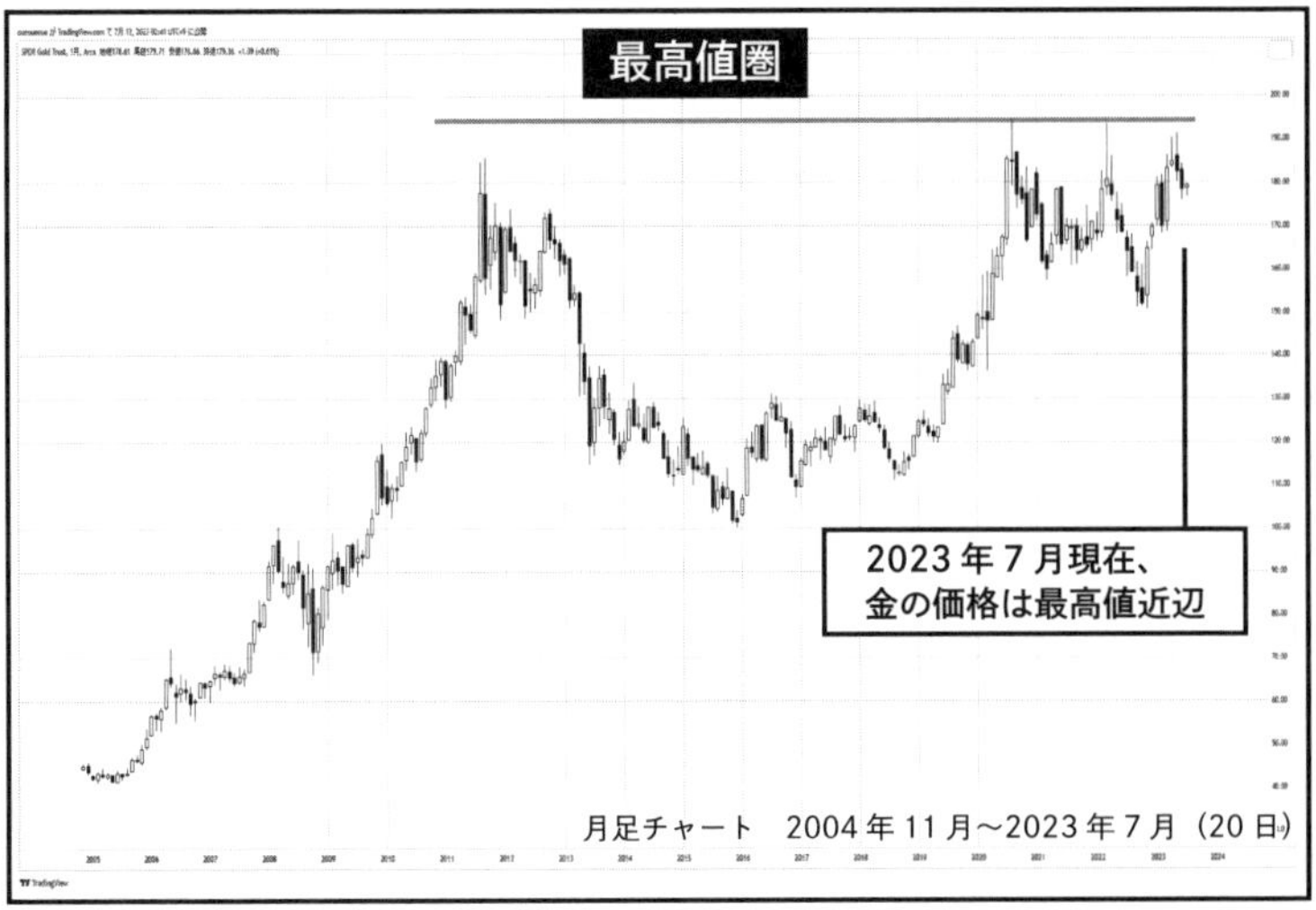

図43は、世界最大の**金ETF「SPDRゴールド・シェア」（GLD）**の基準価額の推移です。

2023年7月現在のGLDの価格は過去最高値近辺にあり、今後、190ドル台の高値を超えて、さらに上昇する可能性もありそうです。

実際、ロシア・ウクライナ戦争でも、ロシアに対して厳しい経済制裁を課しているのは米国、ヨーロッパ、日本など西側陣営と呼ばれる国だけ。

世界ではロシアや中国と同様に民主化が進んでいない国が多数あります。**「グローバルサウス」と呼ばれる自由民主主義指数**

の低い国々が、ロシアや中国と足並みをそろえて米ドル離れに動けば、さすがの世界最強国家・米国にとっても深刻な脅威です。

当然、S&P500をはじめとした米国株の上昇にも陰りが生じるでしょう。

米国株凋落リスク②グローバリズムの終焉

2000年に入ってからの世界経済は、**グローバリズム**（市場経済や貿易の世界的な拡大）が進み、**世界の工場と化した中国**から米国など西側諸国に**安価な製品が大量供給**されることで、インフレに陥ることなく経済成長を成し遂げてきました。

しかし、米国と中国の政治的な対立は、グローバリズムの終焉を予感させるものです。米国と中国が台湾を巡って軍事衝突する最悪の事態になれば、中国からの安価な製品の輸入に頼ってきた米国や日本の物価はさらに高騰して、1970年代から1980年代のような**長期的で構造的なインフレ**が続く恐れもあります。

米国株凋落リスク③米ドルの信用問題

2023年5月には、米国政府の**「債務上限問題」**が一時、緊迫化しました。

米国では、政府が借金をして調達できる債務の上限を、米国議会が法律で決める仕組みになっています。米国政府の借金は年々、膨らみ続けていますが、債務が法律で決められた上限に達するたびに、米国議会では債務上限の引き上げ法案や上限適用を停止する法案が可決されてきました。

しかし、米国の2大政党である**民主党と共和党の政治的対立**によって、その法案がなかなか議会を通過せず、米国政府が**債務不履行（デフォルト）**に陥る危機に何度も直面しています。

2023年5月の危機は、米国の民主党と共和党がぎりぎりになって妥協し、31兆4000億ドル（約4396兆円）の債務上限額の適用を停止する「財政責任法案」が成立したことで回避されました。しかし、その法案が期限切れとなる**2025年1**

月になれば再び問題が紛糾することは目に見えています。

今から10数年前の2011年7月に債務上限問題が深刻化したときは、ぎりぎりで債務上限が引き上げられたものの、財政悪化を懸念した米国格付け会社のスタンダード・アンド・プアーズが**米国債の長期格付け**を最上級の「トリプルA」から**「ダブルAプラス」に一段階、格下げ**しました。

その格下げがきっかけとなり、米ドルが売られて急速な円高が進み、株式市場もプチ暴落に見舞われています。

すでに10年以上繰り返されている米国の債務上限問題が、米ドルや米国政府の信用問題として、今後もくすぶり続けることは間違いありません。

実際、2023年8月1日には、格付け会社フィッチ・レーティングスが**米国の外貨建て長期債の格付けを「AAA」から「AAプラス」に一段階引き下げる**と発表。この格下げを受け、米国債が売られて長期金利が上昇。金利上昇が大敵である米国株市場は格下げのあった2023年8月以降、不調に陥りました。

資産の一部は金や暗号資産に分散

次ページの図44は1802年に**株式**や、債券の代表格である**米国債（短期と長期）、金、米ドル**に1ドルを投資していたら、2002年後の2001年にいくらになっていたかを示したグラフです。

200年の間、コンスタントに物価が上昇したこともあり、1802年の1ドルの価値は、2000年後の2001年にはたったの**0・07ドルに目減り**しました。

長期的にインフレが続く社会では、お金の価値はじわじわと目減りしていきます。

新NISAを積極活用して資産を株式で運用することは、**大切なお金をインフレから守る資産防衛**という意味でも重要です。

しかし、今後は米国株にいくら投資しても〝報われない未来〟が待っているかもしれません。

米ドルが基軸通貨の地位から転落して、世界全体が混沌とした**覇者なき多極化時代**

― 図44　株式、債券、金、米ドルの200年間の運用成績 ―

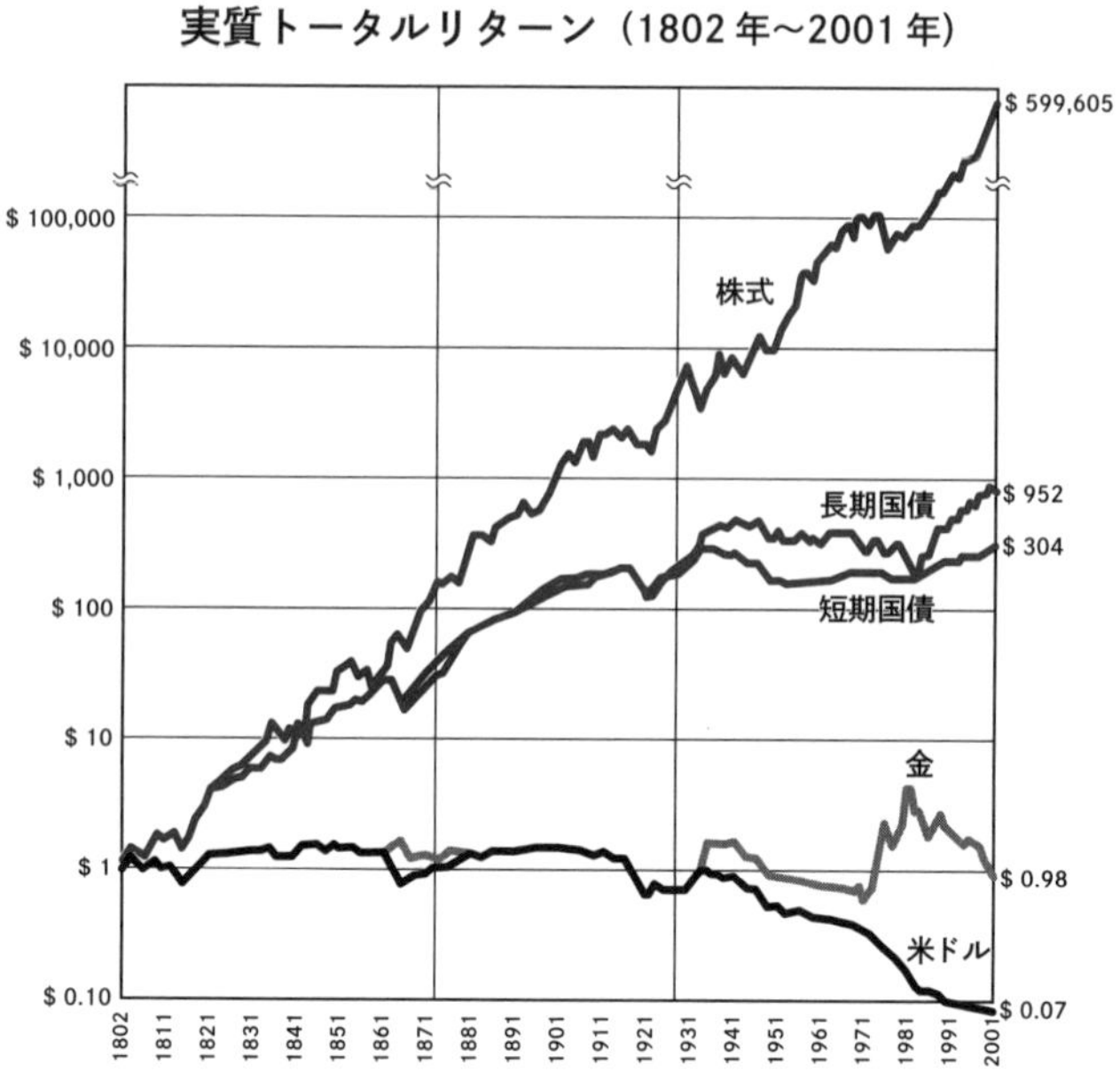

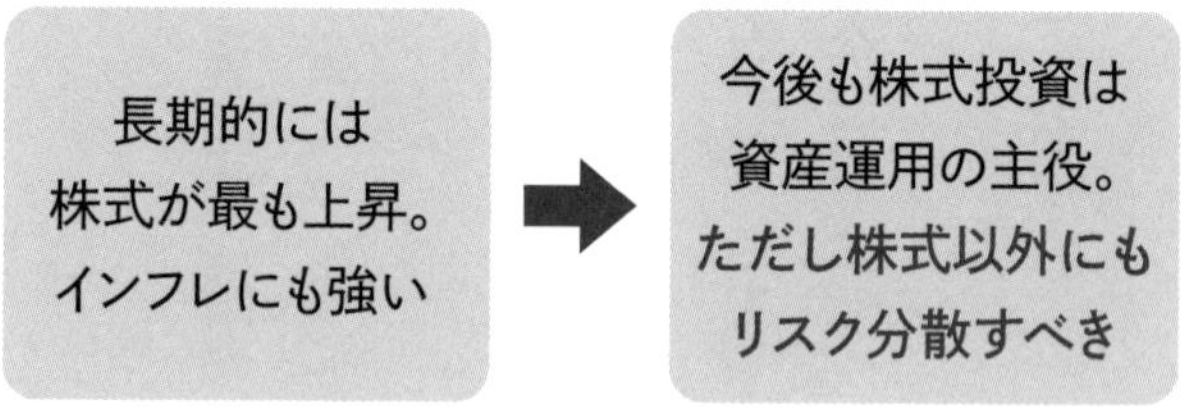

出典：『株式投資の未来～永続する会社が本当の利益をもたらす』
ジェレミー・シーゲル著（日経ＢＰ社）より引用

を迎えるリスクも、少しぐらいは視野に入れておいたほうがいいでしょう。

むろん、少子高齢化で経済が長期低迷する日本経済や日本円のほうが安心だとは到底、思えません。今すぐに、**中国の人民元やインドのルピー**が米国ドルに代わって世界の基軸通貨になるとも思えません。

さしあたって、向こう10年ぐらいは**米国ドルの代替通貨がない**以上、米国株や米国債を中心に資産のポートフォリオを組み、〝万が一〟いや〝百に一つ〟の保険として、資産の一部を**金や暗号資産のビットコイン**として持っておく――。それが、米国株凋落という最悪のシナリオに備えるためのリスクヘッジといえるでしょう。

真のお金持ちになるために必要なこと

少し怖がらせるような話を書いて、申し訳ありません。

ただ、資産運用に**100%絶対儲かるという保証がない**以上、さまざまなリスクも想定して手を打っておくことが、大切な資産を守り、育て、増やすために必要です。

本書では、新NISAの生涯非課税投資枠1800万円を全額、S&P500や全世界株式に連動したインデックスファンドに長期投資して、複利効果で老後資産1億円を作る**新NISA攻略法**を解説してきました。

新NISAを使ったインデックスファンドへの長期投資は、しっかり本業で働いて、投資に回すお金さえ作ることができれば、ほったらかしで**何一つ考えず、何の労力もかけず**に行うことができます。老後2000万円問題は、新NISAの1800万円という投資枠の上限を埋め切るだけで、ほぼ解決するでしょう。

しかし、インデックスファンドへのつみたて投資だけでは、**真のお金持ちになれない**のもまた事実です。

ネット証券などで「毎月何日に何千円～何万円を自動つみたて」という注文さえ出しておけば、あとは銀行口座やクレカ決済の引き落とし金額が不足しない限り、インデックスファンドの自動つみたてを続けることができます。

思考停止状態でも続けられるという意味では、毎月定額自動つみたて投資と給与天引き貯金に、それほど大きな差はありません。

何がいいたいかというと、新NISAでS&P500や全世界株式ファンドにつみたて投資を続けても、お金に対する理解や投資スキルの向上など**「金融リテラシー」**がそれほど上がることはない、ということです。

お金の価値に目覚めて理解を深める

お金は使ってこそ初めて価値のあるものです。

お金は人生を豊かにするための道具に過ぎません。

たとえば、包丁は料理を作るための道具です。

サーフボードやスキー板は趣味を楽しむための道具。

それと同じように、**お金は、自由で快適で幸せな人生を送るために使う道具**です。

どんなに腕のいい料理人でも毎日、包丁を使い込んでいないと、腕がなまってケガをしてしまうリスクがあります。

インデックスファンドへのつみたて投資だけをして、金融リテラシーを磨いておかないと、せっかく数千万円の資産形成に成功しても、老後にその資産を独力で取り崩したり、動かしたりするとき、**手痛いミスや大損をしてしまう可能性**も高いでしょう。

新ＮＩＳＡは素晴らしい制度ですが、どうして国が慌ててこの制度を創設したかというと、老後生活を支えるはずだった**日本の年金制度が崩壊しかかっている**からです。

前にも触れたように、２０１９年６月、金融庁の金融審議会の市場ワーキング・グループが「高齢社会における資産形成・管理」という報告書の中で、**「年金だけでは老後生活の資金が２０００万円ほど足りなくなる」**という趣旨の発表をして、老後２０００万円問題が多くの人々に意識されるようになりました。

その金融庁が、２０２４年から始まる新ＮＩＳＡの制度設計を担当し、**旗振り役**になっています。奇しくも生涯非課税投資枠は１８００万円に拡充されました。

「年金だけじゃ、２０００万円足りないよ」といっていた当のお役所が、「１８００万円まで非課税で投資させてあげるよ」といっているわけです。

図45　資産運用におけるコア・サテライト戦略

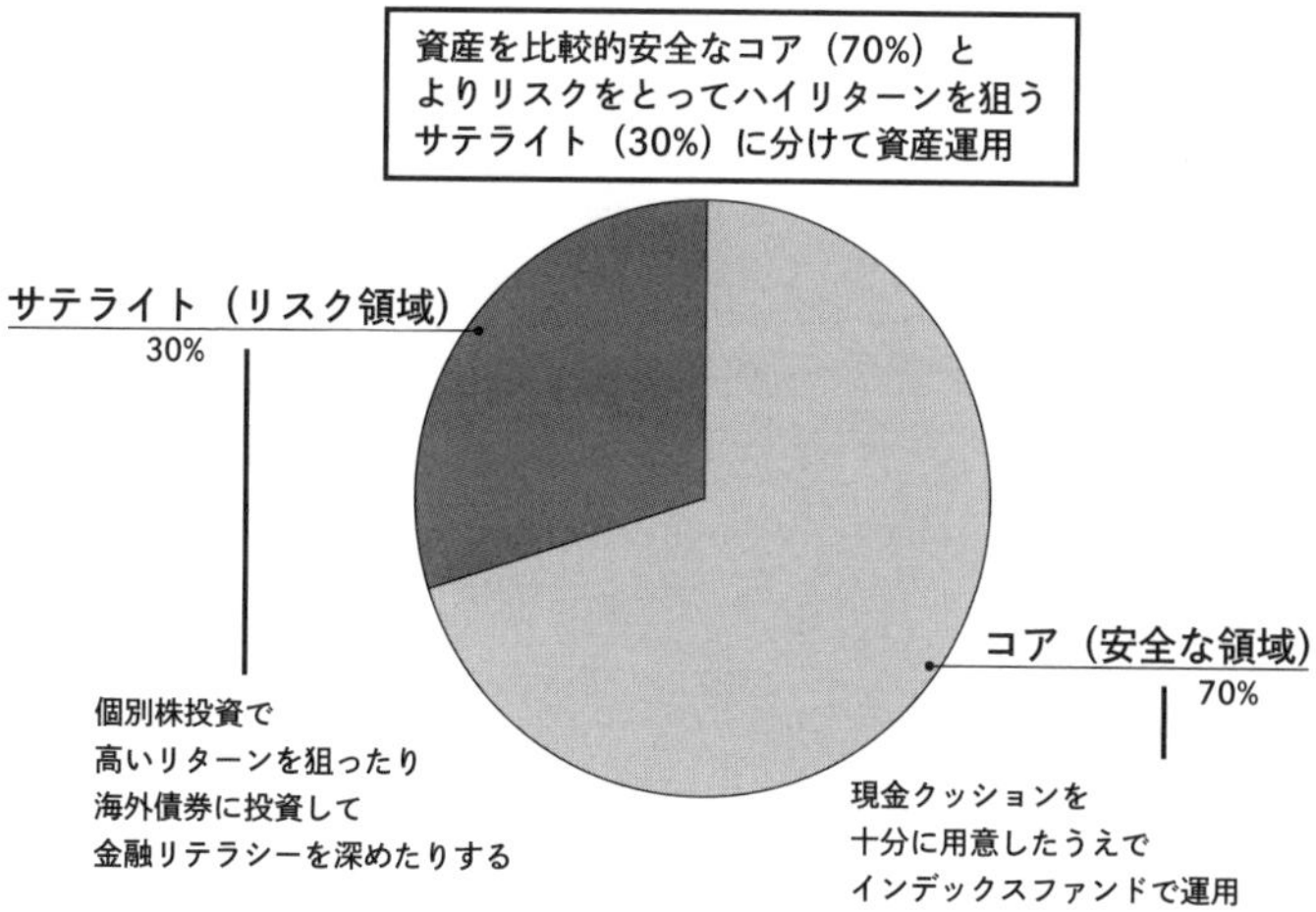
資産を比較的安全なコア（70%）と
よりリスクをとってハイリターンを狙う
サテライト（30%）に分けて資産運用
サテライト（リスク領域）
30%
個別株投資で
高いリターンを狙ったり
海外債券に投資して
金融リテラシーを深めたりする
コア（安全な領域）
70%
現金クッションを
十分に用意したうえで
インデックスファンドで運用

新NISAにしても、〝アテにならない〟年金制度を運営する厚生労働省が旗振り役の**「iDeCo（個人型確定拠出年金）」**にしても、「こんな素晴らしい制度はない」と過信してしまうのは禁物です。

コア・サテライト戦略でスキルアップ

将来のリスクに備えて金融リテラシーを身につけるため、ぜひ、おすすめしたいのが**「コア・サテライト戦略」**と呼ばれる資産運用術です（図45）。

コア・サテライト戦略は、資産運用の核

となる**コア**（木の幹）部分ではなるべく**リスクを減らした安定運用**を心がけ、**サテライト**（木の枝）部分でさまざまな金融商品に投資することで金融リテラシーを深めつつ、**コア部分以上のリターン**を狙うといった資産運用のやり方です。

たとえば、「生活費×5年分」といった現金クッションを別途用意したうえで、毎月、投資に振り向けることができる資金のうち、

●全体の7割はコア部分として、インデックスファンドへのつみたて投資に回す。

●残り3割はサテライト部分として個別株投資などインデックス運用以外に回す、

といった配分をすれば、安定的に資産を増やしつつ、ハイリスクハイリターンな投資にも挑戦して、資産をより効率的に増やすことができるでしょう。

サテライト部分で投資する金融商品には、個別株だけでなく、**海外の高利回り債券**（日本の債券は低金利すぎるので不可）や**不動産上場投信（REIT）**、**金などのコモディティ（商品）**、**ビットコインなどの暗号資産**といった、実にさまざまな金融商品が挙げられます。サテライト部分で投資する金融商品の幅を広げることで、あなたの金融リテラシーも着実に向上していくはずです。

第7章

「世界一安全な資産」米国債でリスクとリターンを“最適化”

警告！ リスク分散が必要

新ＮＩＳＡは、インデックスファンドを通じて非課税で米国Ｓ＆Ｐ５００や全世界株式に投資できる素晴らしい制度です。

しかし、第6章で見たように、米ドルや米国株が今後、未来永劫、安泰とは限りません。米国株の組み入れ比率が６割前後の全世界株式にしても同様です。

新ＮＩＳＡの弱点は投資信託やＥＴＦ、個別株などの違いはあれど、**主にしか投資できない**こと。先ほども述べたように、金融商品には株以外にも債券、金、暗号資産、不動産など、さまざまなものがあります。

資金に余裕がある方は、新ＮＩＳＡの非課税投資枠１８００万円だけでなく、ネット証券の課税口座などを活用して、ほかの金融商品にも分散投資しておくべきでしょう。

金融商品の世界では**何かが暴落すれば何かが暴騰**します。

そのカラクリについてよく学び、理解し、いざというときに行動できるだけの情報、知識、スキルを身につけておく必要があるのです。

超高利回りの米国債券に投資する方法

2023年8月現在、リスク分散の対象として、またコア・サテライト戦略のサテライト部分として、非常に有望な投資先といえるのが**米国債などドル建ての債券**です。

新NISA経由では成長投資枠で、日本や米国の株式市場に上場している**債券ETFに非課税で投資**できます。しかし、**個別の債券は購入できません**。

その意味では、新NISA口座以外の課税口座での投資になってしまいますが、現在、非常に魅力的な投資対象なので、この第7章すべてを使って解説していきます。

米国では物価高を抑え込むために、中央銀行にあたるFRBが2022年3月から**ハイペースな利上げ**を続け、2023年7月末現在の政策金利は**下限5・25%、上**

限5・5%と、22年ぶりの高水準まで引き上げられています。

米国の政策金利は**「フェデラル・ファンド（FF）レート」**と呼ばれ、民間銀行が無担保で、主にオーバーナイト（翌日が返済期限の貸し借り）の短期資金を融通し合う際に適用されます。米国内の**短期金利**の指標になっています。

2022年にインフレが鮮明になってFRBが利上げを始めるまでは、コロナ禍で落ち込んだ経済を立て直すため、米国でも政策金利は下限ゼロまで引き下げられていました。そんな超低金利時代は債券を購入しても利息がほとんどもらえないため、個人投資家にとって**債券投資の魅力は薄れて**いました。

しかし、2022年以降のインフレとそれにともなう金利の上昇で、米国で発行されている債券の利回りは大きく上昇。期間にもよりますが、**年率4〜5%の利息が当たり前**になり、米国債券の魅力が高まっています。

年率4〜5%の利息をほぼノーリスクでもらえるわけですから、すでに億単位の資産を持っている富裕層の方は、サテライトどころか、資産ポートフォリオの**コア部分**の大半を**高利回りの米国長期国債**に移し替えてもいいのではないか、と思えるほどです。

アップル社債でも年率4・3%の高利回り

たとえば、次ページの図46は**アップルが発行した米ドル建て社債**。SBI証券などネット証券で気軽に購入することができるものです。

現在はすでに販売が終了していますが**「償還日」**、すなわち元本が返却される満期日は**約17年先**の2041年2月8日。**「利回り」**は**4・39%**と表示されています。

「販売単位」は「2000米ドル以上、1000米ドル単位」なので、日本円にすると**約28万円**という比較的少額資金で気軽に〝貯金感覚〟で購入できます。

空前の低金利に慣れてしまった日本人からすると、年率換算の利回りが4・39%というのは非常に魅力的です。

ただ、よく見ると、この債券の利回りは4・39%ですが、ドルベースの**「利率」は2・375%**（税引前）になっています。

― 図46　2041年2月満期のアップルの米ドル建て社債 ―

アップル　2041/2/8満期　米ドル建債券			
利率（外貨ベース）	年2.375%（税引前）	申込数量	―
単価	75.39%	約定数量	―
利回り	4.39%	販売単位	2000米ドル以上、1000米ドル単位
利払日	毎年2/8、8/8	残存年数	約17.7年
償還日	2041/02/08	発行体格付	AA+（S&P）/Aaa（Moody's）

※SBI証券で2023年6月に販売されていた債券の詳細な販売概要をもとに作成

この「利率」というのが、アップルの債券を保有していると、毎年2月8日と8月8日、年2回に分けて支払われる金利（**「利金」**という）です。

では、なぜ利回りはそれを上回る4・39%なのでしょうか。

それは、この債券を額面の75・39%で購入できるからです。**「単価75・39%」**という表示が、それを示しています。

たとえば、最低販売単位の2000ドル分購入した場合、「2000ドル÷75・39%＝約2652ドル」なので、**額面金額2**

652ドルのアップル社債を購入したことになるのです。

そして、そのまま2041年2月8日の償還日まで保有し続けると、額面金額2652ドルが償還されます。

2000ドルで買ったものが2652ドルになるわけなので、「2652－2000＝**652ドル**」が**キャピタルゲイン**として得られるわけです。

この償還時の利益652ドルと毎年支払われる利金の利率2・375％を合わせた**トータルの「利回り」**が4・39％というわけです。

2041年2月まで約17年半にわたって、最終的な償還時点の利回り4・39％で資産を運用できるわけですから、非常に魅力的だと思いませんか。

そもそも債券ってどんな金融商品？

20年以上も空前の低金利が続く日本では、個人投資家が気軽に購入できる「個人向け国債」の表面利率も、2023年8月募集の**「変動10」は0・39％、「固定5」**

図47　株式と債券の違い

株式	企業にお金を出資する。企業のオーナーになる。 見返りとして配当金や譲渡益が得られる。 デフォルト（会社が破綻）すると、 投資額が戻る優先度は債券より低い。
債券	国や企業など債券の発行体にお金を貸す。 満期まで待てば、発行体が破綻しない限り、元本保証。 毎年、決まった時期に利息がもらえる。 デフォルト（債務不履行）すると、 投資額が戻る優先度は株式よりは高い。

は0・14%（いずれも税引き前）と、銀行の定期預金よりはマシですが、非常に低金利です。はっきりいって、まったく魅力がありません。

しかし、元来、債券は株式と同じぐらい存在感のある金融市場の2大商品です。

通常の資産運用では、**株式5割・債券5割**など、資産を株式と債券に半分ずつ程度振り分けるのが基本になっており、日本の年金もその構成比率で運用されています。

株式と債券の違いを、**図47**にまとめました。

債券は、債券を発行した発行体にお金を貸す代わりに、毎年、利息がもらえて、満期が来たら元本をまるまる返却してもらえる金融商品です。**発行体が破綻しない限り、元本が保証**されるため、預貯金に次ぐローリスクな金融商品といえます。

リターンとリスクの関係でいうと、一般的にいってローリスクな順に、

●**預貯金↓債券**（国債など高格付けのもの）**↓投資信託**（商品によってリスク・リターンはさまざま）**↓株式**

という並びになります。

ただ、債券には大きなリスクもあります。お金を貸した債券の発行体が破綻したり、「もう借金を返せません」といって**デフォルト（債務不履行）**に陥ったりすると、最悪、元本がすべて失われてしまうのです。

債券には格付けがある

債務不履行に陥るリスクをあらかじめ認識できるように、債券には**発行体の信用度**

に応じた格付けが付与されています。

格付けは上から順に**「トリプルA」**→**「ダブルA」**→**「シングルA」**ときて、次は**「トリプルB」**になります。

一般にトリプルBまでは**「投資適格格付け」**とされ、その下の**「ダブルB」**以下から**「シングルC」**までは信用度が低く**「投機的格付け」**とされています。

投機的格付けの債券になると、格付けが低いほど利回りは上がりますが、償還日に元本が返ってこないリスクも増えます。

債券のデフォルト（債務不履行）はしょっちゅう起こるわけではありません。しかし、たまに起こるので注意が必要です。

安定した長期の資産運用という観点からいえば、格付けが**トリプルAかダブルAの高格付けのものを選んだほうがいい**でしょう。

たとえば、先ほど紹介したアップルの社債は格付けがダブルAプラスなのでデフォルトのリスクが少ない債券といえます。

債券価格と利回りの関係を理解しよう

債券は償還時に元本が返ってきます。しかし、償還までの間は株式と同様に経済や金利の状況に応じて、**債券の価格が変動**します。

たとえば、**10年満期で表面利率5％の債券を額面金額の100ドル**で購入したとしましょう。

その後、世の中がインフレになってお金の価値が目減りする状況になると、10年後に100ドルが戻ってきても、その実質的な価値は今の100ドルに比べて低くなります（物価上昇のせいで、同じ100ドルでも買えるモノが少なくなるからです）。

そうなると、10年間100ドル貸して年間の利回りが5％だと割に合わず、もっと高い金利を払わないと100ドルを貸してくれる人がいなくなります。

すると、額面は100ドルの債券の価格も下落し、たとえば**90ドル**でしか売れなくなります。

額面100ドルで利回り5％ですから、この債券を保有していると毎年5ドルの利金がもらえます。債券価格が100ドルから90ドルに下落すると、「毎年の利金5ドル÷債券の実勢価格90ドル＝0・0555…」で、**実質的な利回りは5・55％**に上昇します。

しかも、90ドルで買っても償還時には額面金額の100ドルが戻ってくるので**最終的な利回りはそれ以上**です。

このように、債券価格はその時々の金利の状況に応じて価格が変動し、その動きと反比例して実質的な利回り（金利）も変化していくというわけです。

債券価格と金利は逆相関

債券価格と金利の関係は**逆相関**といわれます。
「債券価格が下落すると金利は上昇、債券価格が上昇すると金利は低下」。

これが債券と金利の、非常に非常に重要な関係です。

たとえば、2022年以降の歴史的なインフレのせいで、米国では金利が急上昇しています。金利が急上昇するということは、逆に債券価格は大きく値下がりしているということ。既存の債券を保有している人は、**債券価格の下落で大きな含み損**を抱えていることになるのです。

このように、**金利上昇局面**では、逆に債券価格が下落してしまうので、**債券に投資するのは不利**になります。

一方、**金利下落局面**は、逆に債券価格が上昇するので、**債券投資に有利**です。

すなわち、債券に投資するベストのタイミングは、**「金利が上昇してピークを打ったあと、下落に転じる瞬間」**です。

2023年に入ってから、米国では高止まりしていた**インフレ（物価上昇）率が鈍**

化しつつあります。それは、物価高を嫌って、急上昇してきた米国の金利が頭打ちになって低下する兆しともいえます。

もし、このまま米国の物価高が沈静化して、米国の中央銀行にあたるＦＲＢが利上げを停止し、やがて**利下げに転じれば**、米国の金利もピークアウトして、低下し始める可能性が高いでしょう。

そのときこそが、米国の債券に投資する絶好のタイミングになります。

だからこそ、**２０２３年後半から２０２４年は米国の債券投資が非常に魅力的な時期**ともいえるのです。

米国債券に投資するなら債券ＥＴＦ

債券に投資するには、

●ネット証券などで売られている個別の**「新規債」**（新たに発行される債券）や**「既発債」**（すでに発行されて売買対象として出回っている債券）を購入する。

●株式市場に上場している**債券ETF**を購入する、

という2通りの方法があります。

個別の債券に投資すると、発行体が破綻しない限り、償還時に元本が全額戻ってきます。また、購入したときに提示された**利回りが償還時まで保証**されています。

ただ、複数の債券に分散投資するのは、個人投資家の資金量では難しいものがあります。また個別の債券は途中で売却する際にかなり高い手数料を徴収されます。

その点、膨大な数の米国債券に分散投資している債券ETFなら、**好きなときに売却**できて、少額資金でも複数の債券に**リスク分散して投資**できます。

本章の冒頭でも述べたように、新NISAでは直接、債券に投資はできません。しかし、**債券ETFなら成長投資枠で購入できる**ので非課税運用も可能です。

むろん、個別株と同じように、債券ETFの基準価額は債券価格の上下動に応じて値動きするので、**元本割れのリスク**があります。また、分配金の金額や利回りも、その時々の金利状況に応じて変動していきます。

米ドル資産は外貨建てMMFで運用

日本国内で、日本円で売られている投資信託の中にも、投資対象が米国などの海外債券のものが多数あります。ただ、信託報酬が高額な面もあるので、直接ドル建てで米国市場に上場している債券ETFを購入することをおすすめします。

ちなみに、ネット証券などで米国株や米国ETFに投資するときは、あらかじめ**為替レートが円高に振れたタイミング**を狙って日本円を米ドルに両替しておいたほうが有利に投資できます。

まずは**待機資金として米ドルを保有**しておき、狙った米国株やETFの買い時を探ってベストなタイミングで投資する、という手順を踏むほうが成功しやすいでしょう。

その際、**「米ドル建てMMF」**という一種の投資信託に、両替した米ドルをプールしておくと、2023年8月現在、**年率4・8%台**の金利もつくので非常に有利です。

米ドル建てMMFは米国の短期債券で運用されており、その金利水準は米国の中央銀行にあたるFRBが決めた政策金利に連動して動きます。

2023年8月現在の政策金利が5・25%〜5・5%と非常に高水準なため、米ドル建てMMFの金利も高くなっているのです。

ただし、この金利は固定金利ではなく、FRBの政策金利の上げ下げや短期金利の動向次第で日々、変動しています。

米国の国債に投資できるETF

米国の株式市場には、債券投資の王道である**米国債に投資している債券ETF**が多数上場しています。私がおおすめしたいのは、以下のような米国債ETFです。

●**「バンガード・トータル債券市場ETF」（BND）** バンガード　経費率0・03

％　純資産総額13・1兆円　直近分配金利回り3・27％　毎月分配型）
投資適格の米国債など、米国公債の幅広い銘柄の値動きを指数化したブルームバーグ総合債券指数に連動しています。**短期債から長期債までバランスよく投資**できるので初心者向き。**分配金が毎月もらえる**点も魅力です。

●**「iシェアーズ・コア米国総合債券市場ETF」（AGG**　ブラックロック　経費率0・03％　純資産総額12・7兆円　直近分配金利回り3・33％　毎月分配型）
ブルームバーグ総合債券指数に連動しており、短期債から長期債まで幅広く投資できます。BNDと投資対象がほぼ同じ。非常にオーソドックスな米国債券ETFです。

●**「iシェアーズ米国債20年超ETF」（TLT**　ブラックロック　経費率0・15％　純資産総額5・4兆円　直近分配金利回り3・54％　毎月分配型）
残存期間が**20年を超える長期米国債**で構成される指数に連動しています。20年満期の米国債を個別に購入するのは、期間が長期間すぎるのでリスクも高くなります。その点、超長期国債に自由に投資できて、**いつでも売却できる**という意味で貴重です。経費率は0・15%と少し高めです。

●**「バンガード超長期米国債ETF」**（**EDV**　バンガード　経費率0・06%　純資産総額3014億円　直近分配金利回り3・86%　4・7・10・12月の年4回分配金支払い）

ブルームバーグ・トレジャリー・ストリップス債20－30年均等額面インデックスという指数に連動しています。TLTよりもさらに期間の長い超長期国債に投資しています。通常、国債は残存期間が長いほど利回りも高くなりやすいので、**高い分配金を求める人向けのETF**です。

ただし、超長期債はボラティリティ（価格変動率）が大きいため、このETFもほかの債券ETFに比べると**値動きが激しい**面があります。

BND、AGGは債券版S&P500

紹介した4本の米国債券ETFの中では、短期から長期まで幅広い残存期間の米国債など公社債に投資しているBNDとAGGが最もポピュラーです。

BNDもAGGも純資産総額が900億ドル（12・6兆円）を超えていることでも明らかです。

株式でいうならS&P500のような、債券ETFの中心的存在といえるでしょう。

経費率もともに年率0・03%と安く、なんといっても毎月分配金が支払われる点が分配金を老後の生活費などに充てたい高齢者層には魅力的といえるでしょう。

米国債券ETFは絶好の仕込み時

図48はBNDの月足チャートになりますが、2022年に入って基準価額が大きく

- 図48 「バンガード・トータル債券市場ETF」(BND)の値動き -

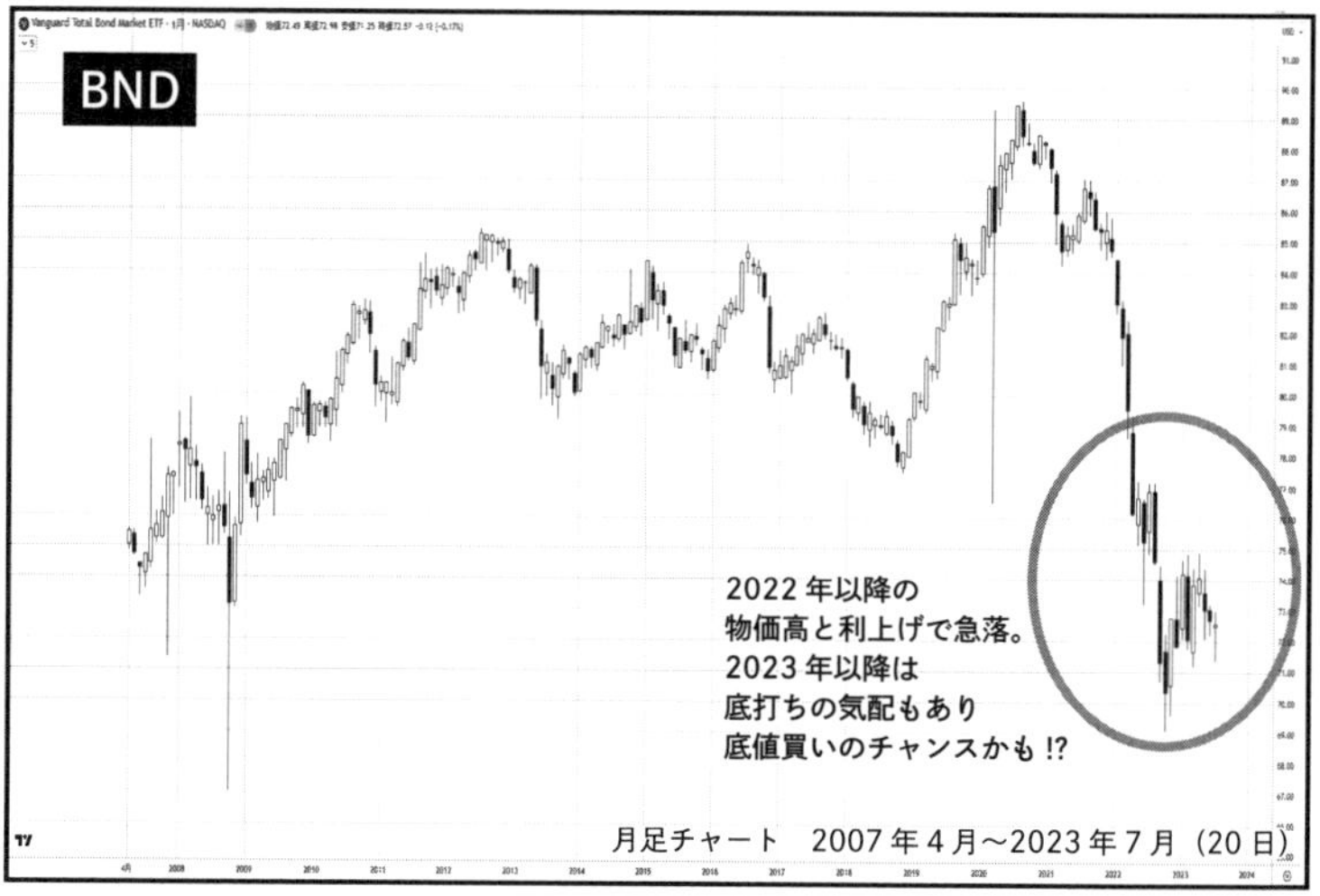
BND
2022年以降の
物価高と利上げで急落。
2023年以降は
底打ちの気配もあり
底値買いのチャンスかも!?
月足チャート　2007年4月～2023年7月（20日）

下落しています。

その理由は、2022年になって米国でインフレが加速し、中央銀行にあたるFRBがハイスピードの利上げを行ったため、短期国債から長期国債まで、ほぼすべての国債の金利が上昇し、逆に債券価格が急落したせいです。

図の値動きからもわかるように、**金利が上昇している局面では債券価格が下落**するので、債券に投資しているETFの基準価額も大きく下落してしまいます。

いくら高額な分配金をもらっても、ETFの価格下落で大きな含み損を抱えてしまっては意味がありません。

ただ、２０２３年に入ってＢＮＤの価格は底ばいで推移しており、**底打ちして反転上昇しそうな気配**も感じられます。

これは、米国の物価上昇率が鈍化して、ＦＲＢの利上げもそろそろ打ち止めになるのではないかという見通しが出てきたからです。

実際、２０２３年６月に開催された、米国の政策金利を決めるＦＯＭＣ（連邦公開市場委員会）ではいったん利上げが停止。７月のＦＯＭＣでは再び０・２５％の利上げが行われましたが、それで**利上げは打ち止め**か、２０２３年中に**あともう1回程度、利上げして終わる**だろうというコンセンサスが、債券市場にも生まれ始めています。

すでに安値を更新せず、底値圏で横ばい推移しているわけですから、ある意味、**絶好の仕込み時**と考えることもできます。

むろん、今後もインフレ率が高止まりし続けて、ＦＲＢが再利上げを行ったり、長期間、高い政策金利を維持したりすれば、さらに下落する可能性もないわけではありません。

生活費×5年分の現金クッションがすでに用意できているなら、資産を増やすためのポートフォリオは、**「株式8割・債券2割」程度が妥当**だと私は考えています。

2023年8月現在の米国の債券ETFは、高利回りの分配金を安定してもらえる点においては優秀です。しかし、今が底値だといっても、**基準価額の長期的な値上がり率**という面で、債券は株式にかないません。「資産を増やす」ことが目的のポートフォリオの場合、やはり債券の比率は2割程度にとどめたほうがいいでしょう。

この株式8割・債券2割というポートフォリオ比率でしっかり資産を管理できる方にとって、**2023年後半から2024年**は運用資産の2割程度を米国債券ETFに投資するベストのタイミングといえるかもしれません。

債券ETFとS&P500は逆相関

債券と株式は資産運用における2大投資対象ですが、それは**両者の値動きが逆相関**

の関係になりやすいことも影響しています。

株式が好調なときは景気がよく物価も上昇傾向にあり、金利は上昇。金利と反比例して債券価格は下落します。

逆に株式が不調なのは不景気のとき。物価は下落傾向になり金利も低下。投資家は株式に投資してもリターンが期待できないため、**確実に利息収入がもらえる債券に資金を逃避させる傾向**が強くなります。株式との逆相関の動きは、格付けの高い米国の長期国債になるほど鮮明です。よく、**「米国株が暴落して資金が米国債に逃避した」**といわれますが、金融パニックや景気後退局面では、株式市場から流出した資金で米国の長期国債が買われやすくなります。

図49は、米国20年国債を運用対象にしている「iシェアーズ米国債20年超ETF」(TLT)とS&P500に連動している米国ETF「SPDR S&P500ETFトラスト」(SPY)の値動きを比べたもの。

S&P500の上昇率に比べると、TLTの変動率はとてもゆるやかですが、よく目を凝らせば、**一方が上がると、もう一方が下がっている**のがわかります。

― 図49　米国20年国債とS&P500の逆相関の値動き ―

株式（S&P500）と
債券（米国債）の価格は
逆相関になることが多い
SPY
S&P500に連動
米国20年国債に連動
TLT
2007年7月～2023年7月（20日）の比較チャート

これが逆相関の値動きです。ただ、金融ショック時などは**株式も債券も同時に価格が暴落**してしまうこともあります。そういう意味では、株式と債券は必ずしも逆相関で動くわけではなく、**リスクの大きさが違う**と覚えておきましょう。

たとえば、株式が30％下落するような金融ショックが起こったとき、債券に投資していれば5％程度の下落で済むケースも多いのです。

債券2割でポートフォリオのリスク低下

先ほど、資産に余裕がある方はコア・サ

― 図50 「S&P500 8割+債券ETF2割」の運用成績の比較 ―

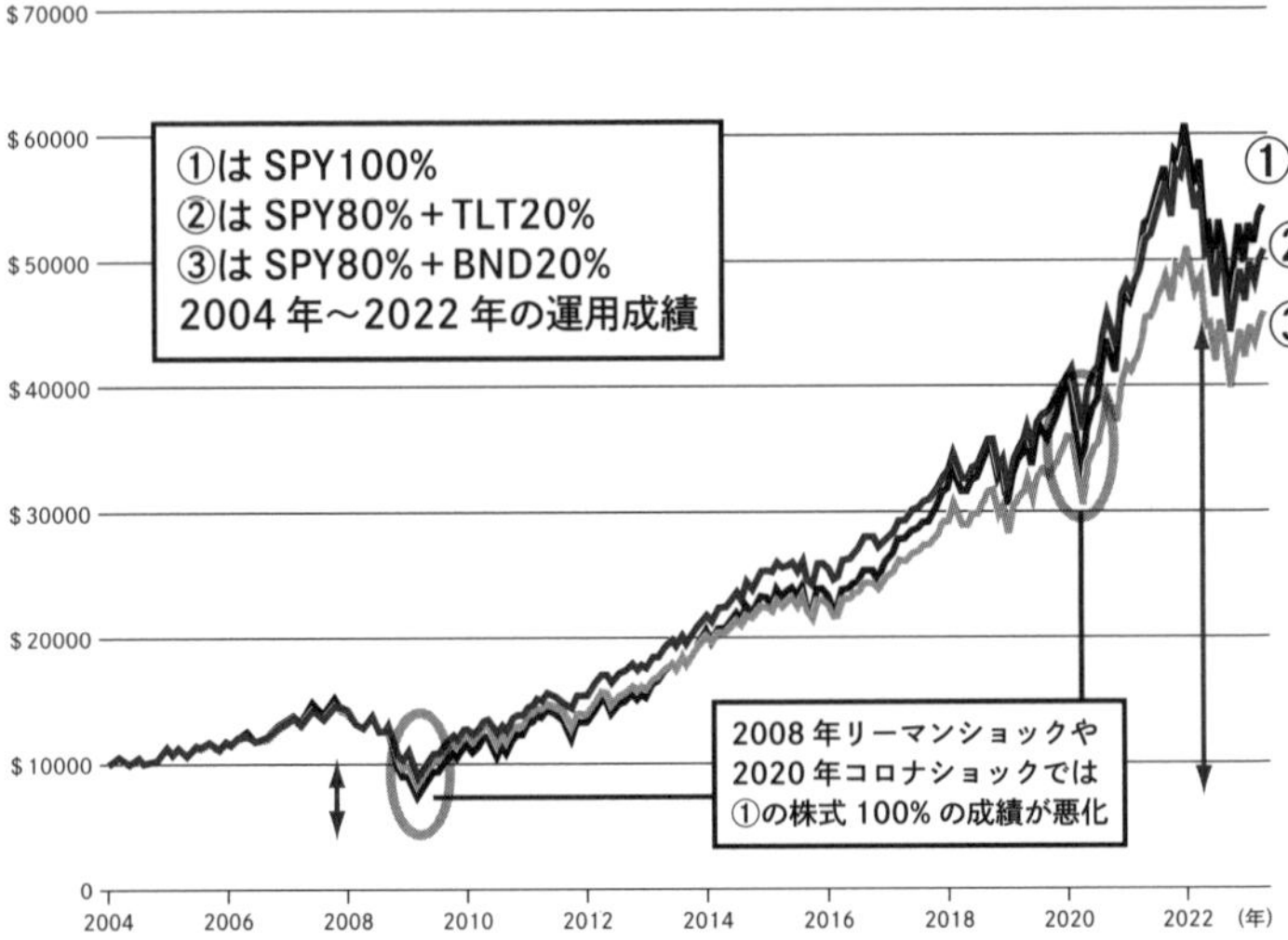

※ 2004 年 1 月〜 2022 年 12 月までのパフォーマンスを「Portfolio Visualizer」で比較

テライト戦略にのっとって、「債券ETF2割・株式ETF8割」というポートフォリオがおすすめと述べました。

上の図50は、2004年から2022年までの値動きをもとに、

①「SPDR S&P500ETFトラスト」(**SPY**) **100%**

②**SPY80%**+「iシェアーズ米国債20年超ETF」(**TLT**) **20%**

③**SPY80%**+「バンガード・トータル債券市場ETF」(**BND**) **20%**

という3つのポートフォリオのパフォーマンスを比べたものです。

図を見ればわかるように、2004年に

1万ドルを①〜③の資産配分で投資した場合、①のSPY100%が最もパフォーマンスが良好でした。

しかし、**2008年9月のリーマンショック以降や2020年3月のコロナショックといった株価暴落の時期**を見ると、①のSPY100%の資産評価額が大きく下落しているのに比べて、**債券ETFを20%組み込んだ②や③のポートフォリオの下落率が低め**であることがわかります。

「Portfolio Visualizer」が示した2004年〜2022年の年平均リターンは、①のSPY100%が年率**9・14%**、TLTを20%組み込んだ②が**8・76%**、BNDを20%入れた③が**8・17%**になりました。

しかし、価格変動リスクを「1単位（標準偏差）」とることでどれだけのリターンが得られたかという運用効率を示す**シャープレシオ**は、①のSPY100%が**0・58**だったのに対して、②のTLT20%は**0・67**、③のBDN20%は**0・61**と、いずれも株式100%のポートフォリオを上回っています。

つまり、債券ETFを20％取り入れたほうが、**リスクに見合ったリターンがとれて、ポートフォリオ全体のリスクが下がっている**と見なすことができます。

特に、米国の20年超の長期国債のみに投資している②の**TLT20％のポートフォリオは優秀**といえるでしょう。

ETFではなく個別債券を買う！

債券ETFなら幅広い債券に分散投資できます。株式市場で売買されているため、新NISAの成長投資枠を使った非課税運用も可能です。

一方、ネット証券などでは個別の米国債や米国企業の社債も売り出されています。

個別債券を買うメリットは、**満期まで保有すれば元本が全額戻ってくる**こと。債券ETFのように、基準価額の上下動による元本割れを気にする必要がありません。

また、**購入したときの利率で利回りが固定**されるので、安定したインカムゲインも期待できます。

ＥＴＦの場合は金利動向に応じて基準価額も分配金の利回りも変動してしまいます。ただし、個別債券はいったん購入したらなかなか**売却するチャンスがなく、リスク分散の効果も低く**なるのが欠点といえます。

そんな個別債券には二つのタイプがあります。

●利付債

定期的に利金（＝利息収入）を受け取ることができます。

●ゼロクーポン債

利金の代わりに、購入価格が償還されるときの価格より低く設定され、そのキャピタルゲインで利回りを稼ぐタイプの債券です。利金は英語で「クーポン」と呼ばれます。「ゼロクーポン債」という名称からわかるように、**保有期間中に利金の支払いはありません**。

ゼロクーポン債の中には、**「ストリップス債」**といって、利付債の元本部分と利金（クーポン）部分が別々に切り取られて、それぞれがゼロクーポン債として売られているものもあります。

元本部分はその利付債の償還日が満期のゼロクーポン債、一方、利金部分はその利金が支払われる日が満期日になったゼロクーポン債として取引されています。

日本の証券会社で販売されているゼロクーポン債の多くも、利付債の元本部分を切り取って債券価格を割り引いて販売しているストリップス債です。

先ほど紹介した、満期まで20〜30年以上ある超長期の米国債で運用する債券ＥＴＦ「バンガード超長期米国債ＥＴＦ」（ＥＤＶ）も、ストリップス債を使った運用を行っています。

資産形成期ならゼロクーポン債

利付債は毎年、定期的に利金収入がありますが、ゼロクーポン債は満期日まで利金の支払いはありません。一方、ゼロクーポン債なら、**少ない資金で将来、満期日にはより大きな償還金を受け取る**ことができます。そのため、

●若いうちに老後の資産形成を目的に**「セルフ年金」代わりに投資**するなら、**少額資金**で購入できるゼロクーポン債。

●老後になって毎年、利金を**生活費に充てるインカムゲイン狙い**なら利付債、

というのが、どちらを選ぶかの基準になります。

個別債券の購入はネット証券が便利で、取り扱われている債券の品ぞろえもそれなりに豊富です。

一般的に、債券の購入には手数料がかかりません。

また、満期まで保有すれば利付債の場合は元本、ゼロクーポン債の場合は約束された償還時の額面金額が支払われます。

ただし、**途中売却すると、スプレッド（手数料の一種）をとられる**場合が多いです。

個別債券の場合、いつでも買えるわけではなく**商品在庫があれば売りに出される**という形です。品ぞろえの面では、ネット証券より大手証券のほうが充実しています。

個別債券も2024年までが大チャンス

米国では2022年から金利が上昇（債券価格が下落）しているため、既発債を購入するときは、本章の冒頭で見たアップルの社債のように、額面金額よりもかなり安い価格で購入可能です。その分、**実質的な利回りが表面利率以上に跳ね上がった、お得な米国の債券**が2023年8月現在はたくさん売られています。

今後、米国の金利がこれ以上、上昇しない場合、こういった既発債を底値買いするチャンスです。

ちなみに今後、米国が景気後退に陥ったりしてFRBが利下げに転じると、債券価格も底打ちして反転上昇に転じます。そういった場合は、途中売却してキャピタルゲインを得ることもできます。

債券ETFの場合、FRBが利下げに転じて金利が低下すると、それに反比例して基準価額も値上がりします。しかし、金利低下にともなって、分配金の利回りも低下してしまいます。

その点、個別債券の場合、リスクをとって**〝決め打ち〟で購入**することになるため、たとえFRBが利下げに転じても、**利回りは購入時の高金利のままで維持**されることも大きなメリットです。

ゼロクーポン債でセルフ年金作り

20代、30代で、まだ老後まで時間のある人が、老後の資産形成のために債券投資するなら、ゼロクーポン債がおすすめです。

償還日が20年後、30年後の場合、償還される額面に比べて非常に安い価格で購入できます。**少額資金しかない人にとっても便利な投資対象**といえるでしょう。

たとえば、次ページの**図51**は２０２３年7月にＳＢＩ証券で売り出されていた、米国債のストリップス債です。**「トレジャリーストリップス」**と呼ばれますが、「トレジャリー・ボンド：Treasury Bond」は、英語で「国債」を意味します。

― 図51　2023年7月に売り出された米国債のストリップ債 ―

トレジャリーストリップス米ドル建て　2044/5/15満期　ゼロクーポン債			
利率(外貨ベース)	ゼロクーポン	申込数量	―
単価	43.54%	約定数量	―
利回り	4.032%	販売単位	100米ドル以上、100米ドル単位
利払日	なし	残存年数	約20.8年
償還日	2044/05/15	発行体格付	AA+(S&P)/Aaa(Moody's)
発行体	米国		

※ SBI証券で2023年7月に販売されていた債券の詳細な販売概要をもとに作成

その条件を見ると、利率の欄にはゼロクーポンと書かれているので、この債券を購入しても毎年の利金はもらえません。

しかし、次の単価の欄を見ると、**43・54%**になっています。つまり**額面価格の半額以下**、4割強の価格で購入できます。残存期間は約20・8年で満期が来れば、100%額面通りの金額が戻ってきます。そのキャピタルゲインを年率の利回りとして計算すると、**4・032%**になります。

米国債なので格付けは「ダブルAプラス」と高く、安心して投資できます。

米国債は**世界一安全な資産**といわれています。

世界最強の国・アメリカにお金を貸して、20年後に元本の倍以上の金額が受け取れるのですから、老後の資産形成には打ってつけといえるでしょう。

正直なところ、「株式投資は元本割れがあるので絶対に嫌」という人には、S&P500など株式インデックスファンドへのつみたて投資より、**米国債のゼロクーポン債を購入してセルフ年金にする**ことをおすすめします。

新NISAで債券は購入できないため、ゼロクーポン債の償還時にはキャピタルゲインに約20%の税金がかかってしまいます。しかし、米国が破綻しない限り、元本割れもないので、元本割れが大嫌いな人にとっての安心感は抜群といえるでしょう。

むろん、米国のゼロクーポン債がおすすめなのは、2023年8月現在のように**金利が高いときだけ**。米国が低金利のときは、利付債で受け取れる利回りの額も、ゼロクーポン債の額面価格に対する割引率も低くなってしまうので、投資対象としての魅力は激減します。また、第6章で見た**債務上限問題**など、米国債にもリスクがあるのは確かです。過信はせず、ほかの金融商品にも分散投資を心がけましょう。

債券投資の為替リスクに要注意

米国債など、海外の債券に投資するときは**米ドルなど外貨建て**になるため、**為替リスク**にも注意が必要です（これは米国株式などへの投資でも同じですが……）。

たとえば、２０２３年８月20日現在の為替レートは**１ドル１４５円前後**ですが、東日本大震災後の２０１１年10月31日には**１ドル75円30銭台**まで円高が進みました。

もし１ドル１４５円で米国ドル建ての債券を購入して、１ドル75円まで円高が進んだ場合、日本円で見た債券価格はほぼ半値まで下落してしまいます。

外貨建ての金融商品を購入するときは、為替変動に関する理解も大切です。

２０２２年４月以降は日米の金利差が拡大して、１ドル１５０円台に達する急速な円安が進みました。２０２２年のＳ＆Ｐ５００はドルベースでは20％近く下落しましたが、**円安クッションのおかげで円換算するとむしろ4％ほど上昇**しました。

つみたてＮＩＳＡなどを使って、せっせとＳ＆Ｐ５００や全世界株式のインデックスファンドにつみたて投資していた人も、下落相場で資産評価額が大きく目減りしていく恐怖を感じなくて済みました。

しかし、ひとたび**為替レートが円高トレンド**になると、いくらS&P500が上昇していても、為替差損でパフォーマンスが悪化する懸念があります。

円高が進むときは通常、株式相場が不調に陥ることが多いので、**株安と円高のダブルパンチで資産が大きく目減りしてしまうリスク**も頭に入れておきましょう。

ただ、**円高は外国資産を安く買える大チャンスの時期**でもあります。

円高のときは無理して外貨建て資産を円に換金せず、ドルのまま保有し続けて、ドル建てで増やす運用に徹しましょう。

たとえば、円高のときは米国の金利が低下しているはずですから、**低金利になると株価が上昇しやすい米国のグロース株**に投資するのも一つの選択肢になるでしょう。

そうやって、景気や金利や為替変動の波を利用しながら、**お金の置き場所**を少しずつ動かすだけでも資産は着実に増えていくものなのです。

終わりに

本書では、新ＮＩＳＡの生涯非課税投資枠１８００万円をできるだけ早く埋め切って、できるだけ長い間、ほったらかし投資することで**老後資産１億円**を作る方法や戦略をリアルに解説してきました。

新ＮＩＳＡでつみたて投資を始めたあとは、さらに投資の勉強をして、**米国ＥＴＦや個別株投資、債券での資産運用など、より高い次元**に進んでほしいと願っています。

投資について何も学ぶことなく、単に貯金とインデックスファンドへのつみたて投資を続けているだけでは、どれだけ資産は増えても、残念ながら、

「脳みそは貧乏のまま」

です。脳みそが貧乏なままでは、新ＮＩＳＡの運用に成功して、１８００万円の投資元本が1億円以上に増えても、そんな大金の使い方がわからず、ひょっとしたら**ギャンブルに近い投機**に走って資産の大半を失ってしまうことにもなりかねません。

●宝くじで高額当選する。

●運よく仮想通貨でボロ儲けする。

●思考停止のインデックス運用で一財産築く。

これらに共通しているのは、**脳みそが全然、お金持ちになっていない**ことです。

お金はそれ自体が目的ではなく、あくまで自由で幸せで豊かな人生を送るための一手段に過ぎません。

脳みそに栄養を与えることこそが、豊かで幸せな人生を送るための第一歩。

大切なのはお金に対する知識と経験。

「お金の知識と経験＞お金」です。

お金だけでなく、人生自体も〝複利運用〟して、雪だるま式に多くの幸せや豊かさを感じられるようになりましょう。

投資にはリスクが付き物です。

金融リテラシーを一言でいうなら、それは**「リスクとは何かを知ること」**です。

世の中の多くの人が成功できない理由はリスクをとらないからです。

投資でもビジネスでも、**成功する人は〝適正な〟リスクをとった人**です。

では、どれぐらいのリスクが適正なのか。これはもう、慣れや経験でしか学べないことです。あえていうなら、

「失敗しても死なない戦略」


とでもいいましょうか。

「失敗してもいい」という前提で、失敗によって生じうる致命的なリスクを慎重に回避したうえで、リスクをとること。それが、「適正にリスクをとること」だと私は思います。

本書でお伝えした新ＮＩＳＡ攻略法は**出口**ではなく、あくまで**入口**です。

私が主宰する「ＦＦＣ：Financial Free College」では、毎週、資産運用に関する無料の勉強会を開催しています。その時々の経済状況に応じて、どこにお金を置いておくのが一番効果的かなど、資産運用の極意を詳しく解説しています。

左ページ右下のＱＲコード①にアクセスすると、Ｗｅｂ上で資産運用の無料オンラ

インセミナーの受講予約ができますのでぜひ、ご参加ください。

また、スマホでＬＩＮＥを開いていただき、ＱＲコード②から私、ライオン兄さんのＬＩＮＥアカウントにアクセスしていただくと、新ＮＩＳＡ制度や米国株・ＥＴＦを使った詳しい資産運用法に関する情報も入手できます（リンク先の運用に出版社・書店は関係なく、著者個人のものになります。また、サービス提供は予告なく終了することがあるので、ご興味があれば登録はお早めに）。

① 資産運用のオンラインセミナー（無料）

② ライオン兄さんのLINEアカウント

新ＮＩＳＡという入口の先に広がる、**より大きくて、広くて、高い投資の空**に向かって羽ばたいていきましょう。

本書が、多くの人々にとって新ＮＩＳＡ投資で成功するきっかけになり、より自由で豊かで幸せな人生を送るためのジャンプ台になることを祈っています。

２０２３年９月吉日

山口貴大（ライオン兄さん）

山口貴大（ライオン兄さん）
◎株式会社バイアンドホールド代表取締役社長。金融・起業スクール「Financial Free College」（FFC）代表。TikTok、YouTubeでは「ライオン兄さん」名義で活動。
◎1980年奈良県生まれ。ネット関連会社などにて、8年間のサラリーマン生活を送るも、給料は上がらず“鳴かず飛ばず”の「低空飛行」状態が続き、32歳の年収は327万円。一念発起して、金融・起業の書籍をむさぼり読み独立。エンターテインメント会社を興し、2018年に売却。その利益を米国株中心に運用し、“経済的自由”を獲得、「完全リタイア」を実現した。
◎悠々自適の生活を送り、メディアへの露出も増えたことから、「お金の相談」を受けることが多くなり、FFCを立ち上げる。「大金持ちではなく、一般人がお金を増やすためには？」という庶民の資産運用にこだわった講義の評判が口コミで広がり、2021年、「投資家が推奨するお金のスクール」「未経験から学べるお金のスクール」「結果が見込めるお金のスクール」でそれぞれNo.1を取得、米国株のマネー講座部門で3冠を達成した（日本マーケティングリサーチ機構調べ）。受講者の中からは「年収の高低」にかかわらず、多くの「FIRE達成者」を現在進行形で輩出している。同年、「資産運用をしよう！」という言葉をTikTokで世界一広めたとして、ギネス認定。
◎「お金の正しい知識を得ることで、そのストレスから解放され、すべての人が自分らしい人生を送る」をモットーに、マネーリテラシーの普及に日々励んでいる。2024年新NISAでも、多くの「経済的自由」達成者を出す予定。
◎趣味は旅行、温泉、サーフィン。
●YouTube：https://www.youtube.com/channel/UCxkiN35K-JNZKV9m0fEzN2w
●TikTok：https://www.tiktok.com/@takalion23

【新《しん》NISA完全攻略《かんぜんこうりゃく》】
月《つき》5万円《まんえん》から始《はじ》める
「リアルすぎる」1億円《おくえん》の作《つく》り方《かた》

2023年11月9日　初版発行
2024年2月10日　5版発行

著者／山口《やまぐち》 貴大《たかひろ》（ライオン兄《にい》さん）

発行者／山下 直久

発行／株式会社KADOKAWA
〒102-8177　東京都千代田区富士見2-13-3
電話　0570-002-301（ナビダイヤル）

印刷所／大日本印刷株式会社
製本所／大日本印刷株式会社

●お問い合わせ
https://www.kadokawa.co.jp/（「お問い合わせ」へお進みください）
※内容によっては、お答えできない場合があります。
※サポートは日本国内のみとさせていただきます。
※Japanese text only

定価はカバーに表示してあります。

ISBN 978-4-04-606541-4 C0033